KARATE

Efthimios Karamitsos/Bogdan Pejcic

KARATE

Grundlagen

Empfohlen vom Deutschen Karate Verband e.V.

Vorwort

Schon immer war der Begriff *Karate* mit einem Nimbus belegt. Halbwissen über diese Kampfkunst, hervorgerufen und genährt von zahlreichen Legenden und Filmklischees, ruft beim Laien Faszination und Respekt (»härteste Selbstverteidigungskunst«), Ablehnung (»Schlägersport«) oder völlig überzeichnete Erwartungen (»Unbesiegbarkeit«) hervor.

Um so erfreulicher ist die Tatsache, daß sich Karate im allgemeinen und öffentlichen Bewußtsein immer mehr als beliebter Breiten- und Leistungssport durchsetzt und Anerkennung findet.

Karate hat eine lange und traditionsreiche Geschichte; und noch immer ist seine Entwicklung nicht abgeschlossen. Entstanden als eine der effektivsten Selbstverteidigungskünste wandelte sich Karate von einer elitären Kampfkunst an Japans Hochschulen zu einem weltweit verbreiteten Kampfsport. Wenngleich die überwiegende Mehrheit der Aktiven aus Kindern und Jugendlichen besteht, so interessieren sich zunehmend auch Ältere für diesen Sport. In Deutschland betreiben offiziell über 160000 diesen abwechslungsreichen und anspruchsvollen Sport, davon allein über 120000 im Deutschen Karate Verband (DKV), dem Repräsentanten des Karatesports im Deutschen Sportbund (DSB). So vielschichtig die große Zahl der Karateka ist, so unterschiedlich sind auch deren Interessen und Erfahrungen an und mit Karate. Ihnen allen wie auch den reichhaltigen Facetten, die Karate als moderne (Kampf-)Sportart und als traditionsreiche fernöstliche Kampfkunst bietet, in einem Grundlagenwerk gerecht zu werden, ist unmöglich.

Sollte es uns jedoch gelingen, bei Neugierigen Interesse zu wecken, Interessierten und Einsteigern einen Einblick und Anregungen zu geben, dann hätten wir schon viel erreicht.

Geschichte des modernen Karate

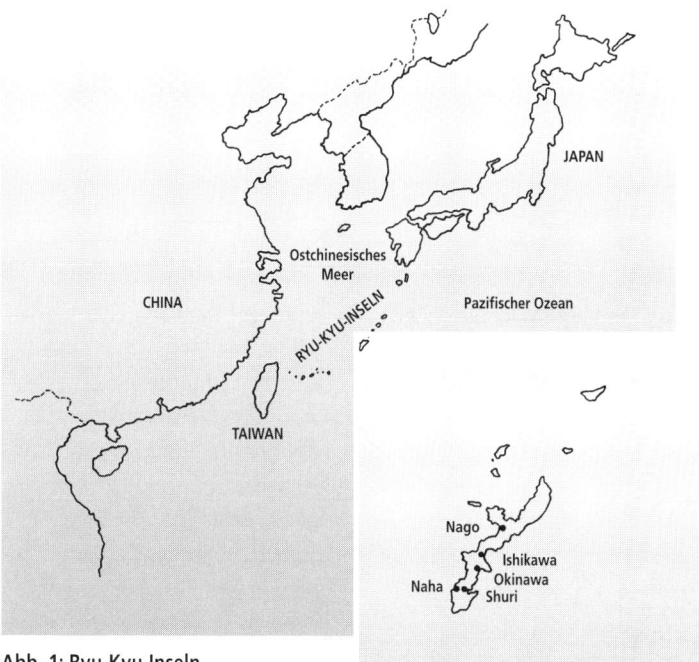

Abb. 1: Ryu-Kyu-Inseln

Seinen Ursprung hat das heutige Karate auf den *Ryu-Kyu-*Inseln im südchinesischen Meer, und dort speziell auf deren Hauptinsel *Okinawa.* Politisch war diese Inselgruppe ohne große Bedeutung, doch ihre geographische Lage machte sie zu einem begehrten Handelszentrum im ost- und südostasiatischen Raum. Okinawa galt mit seinen urbanen Zentren *Shuri, Naha* und *Tomari* als beliebter Umschlagplatz für Waren- und gesellschaftskulturelle Informationsströme, die sich auf dem Seeweg zwischen China, Korea, Japan und den südostasiatischen Ländern wie Vietnam, Malaysia oder Indonesien bewegten.

Wie fast alle diese Länder unterlagen auch die Ryu-Kyu-Inseln den starken wirtschaftlichen, politischen und kulturellen Einflüssen des mächtigen China. Lange Zeit wurde die Inselgruppe von internen Machtkämpfen, Aufständen und Unruhen heimgesucht. 1416 schließlich gelang es dem damaligen König **Sho Shin** (auch **Sho Hashi**), das Land zu einigen und zu befrieden. Um den Frieden zu sichern, verbot er das Tragen jeglicher Waffen und beorderte die einzelnen Fürsten zu sich auf den Hof in *Shuri* (eine Taktik der Kontrolle, die die späteren Tokugawa-Shogune in Japan ebenfalls anwandten).

Durch dieses Waffenverbot erhielt das einheimische *Te* *(Te* = Hand) oder *To-te* (auch *Tode),* wie die Okinawaner ihr Karate nannten, einen ersten richtigen Aufschwung. Auf Grund des regen Austausches mit China reisten viele Meister des *To-te* nach China, um sich in *Chuan-fa* (auch *Quan-fa* oder *Ch'an-fa),* das heute fälschlicherweise als *Kung-fu* bezeichnet wird, ausbilden zu lassen und damit ihren Kampfstil zu verbessern. Umgekehrt kamen chinesische Meister als Begleitung von Gesandtschaften nach Okinawa, um dort *Kempo,* so die japanische Bezeichnung des chinesischen Boxens, zu unterrichten. 1609 wurden die Ryu-Kyu-Inseln vom japanischen Satsuma-Clan besetzt. Der damalige Statthalter auf Okinawa, **Shimazu,** erließ umgehend Bestimmungen und Verbote, die die Rechte und Freiheiten der Okinawaner stark beschnitten. So wurde auch das allgemeine Waffenverbot dahingehend ausgeweitet, daß nun auch der Besitz jeglicher Waffen, und sei es nur ein rostiges Schwert, unter Androhung drakonischer Strafen verboten war. Es dauerte nicht lange, bis sich eine konspirative Opposition bildete. Knapp zwanzig Jahre nach der Besetzung schlossen sich die bedeutendsten Meister des *Okinawa-te* zu

einer geheimen Allianz zusammen. *Te* wurde von nun an nur noch im Geheimen geübt und nur an absolut vertrauenswürdige Personen weitergegeben. So entstanden zahlreiche kleine Schulen, die oft nur innerhalb des eigenen Clans oder der eigenen Familie geführt wurden. Nur wenige, zumeist adlige Bewohner Okinawas hatten die Möglichkeit, bei chinesischen Meistern zu lernen. Alle anderen, denen es nicht vergönnt war, nach China zu reisen oder einen Schüler dorthin zu schicken, waren gezwungen, ihren eigenen Kampfstil zu entwickeln. Gelegenheit dazu gab es im Übermaß, denn die Zeiten waren unsicher und geprägt von Überfällen marodierender Banden, herrenloser Samurai, von Bauernaufständen und nicht zuletzt von gewaltsamen Übergriffen und Racheakten der japanischen Besatzer. Not macht erfinderisch, und so entwickelten Bauern und Handwerker aus ihren Werkzeugen und aus Alltagsgegenständen tödliche Waffen (Abb. 3), die sie neben ihren *To-te*-Kenntnissen einsetzten, um gegen die gut ausgerüsteten Krieger bestehen zu können. Jeder Kampf wurde mit allen Mitteln, redlichen und unredlichen, und bis zur letzten Konsequenz, dem Tod, ausgefochten.

Abb. 2:
Schriftzeichen
für Okinawa-te

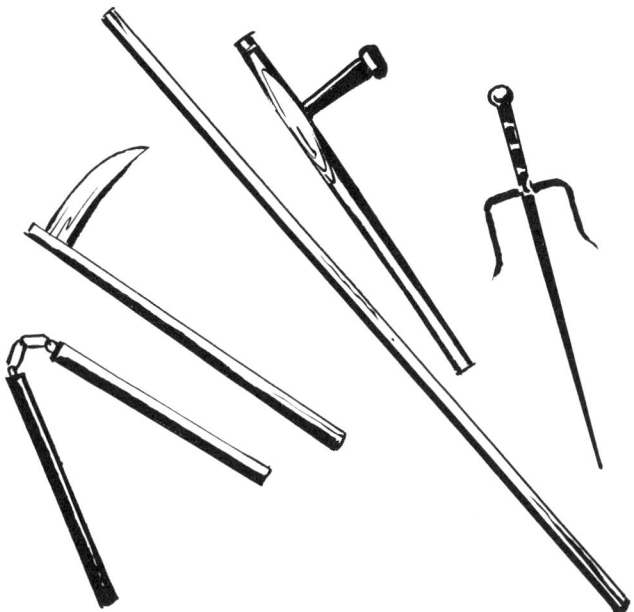

Abb. 3: Kobudo-Waffen (v.l.n.r.): Nunchaku, Kama, Bo, Tonfa, Sai

Bei dem ungleichen Kampf mit einem Bewaffneten hatte ein Unbewaffneter meist nur eine einzige Chance, nämlich seinen Gegner mit einem Schlag oder Tritt vernichtend zu treffen. Es galt die Maxime: werde nicht getroffen, treffe selbst aber vernichtend.

Aufgeschreckt durch die tödliche Wirkung dieser Kampfkunst verboten die Japaner auch die Ausübung von *Te*, was aber dazu führte, daß man die Übungen im Geheimen weiter vorantrieb. So kam es zu zahlreichen Stilen und unterschiedlichen Entwicklungen. Allen gemein war jedoch, daß das Wissen in festgelegte Abläufe gebündelt wurde, den sogenannten *Kata*. Der Begriff *Kata* läßt sich nur grob mit »Form; etwas eine Form beziehungsweise eine Gestalt geben; in Form bringen« umschreiben. In diesen Formen sind Angriffs- und Abwehrtechniken in eine bestimmte Reihenfolge und Beziehung zueinander gesetzt. Mit ihnen wird ein Kampf gegen ein oder mehrere Gegner simuliert. Gleichzeitig werden durch das ständige Üben und Wiederholen die Techniken verfeinert, das Reaktionsvermögen geschult und der Körper gekräftigt. Wie viele *Katas* existierten, ist nicht bekannt, doch man kann davon ausgehen, daß ihre Zahl sehr hoch war. Tatsächlich entwickelte jeder Meister seine eigene *Kata* oder veränderte im Laufe der Jahre jene, die er gelernt hatte. Viele noch heute bekannte und in den großen Stilrichtungen geübten Formen kamen aus China. *Katas* stellten also das gebündelte und teilweise verschlüsselte Wissen von *Kempo* oder *To-te* dar, wie es von Generation zu Generation überliefert wurde.

Im Laufe der Zeit bildeten sich Stilrichtungen, die nach den Orten, an denen sie gelehrt wurden, benannt waren: *Naha-te* nach der Hauptstadt Naha, *Shuri-te* nach dem Festungsort Shuri im Landesinneren und *Tomari-te* nach der gleichnamigen Hafenstadt.

Naha-te war stark von der »äußeren« Schule des chinesischen *Chuan-fa* beeinflußt. Die später (und noch heute) als *Shorei-ryu* bezeichnete Stilrichtung legte großen Wert auf die Entwicklung von Kraft und Stärke, Stabilität und Festigkeit.

Shuri-te (später *Shorin-ryu*) bevorzugte die »innere« Schule der Südchinesen, die die Ausbildung psychischer Stärke, der Atmung, der inneren Kräfte und Energien zum Inhalt hatte und überwiegend entspannte, »weiche« runde Ausweichbewegungen lehrte.

Tomari-te hatte keine eindeutigen Schwerpunkte, weder in Richtung »innerer« noch in Richtung »äußerer« Schule, sondern entwickelte seinen Stil aus Elementen des *Shorin-ryu* und *Shorei-ryu.*

1875 wurde Okinawa offiziell eine Präfektur Japans. Es war die Epoche der *Meiji*-Restauration, in der Japan sich nach jahrhundertelanger Abkapselung wieder der Welt gesellschaftlich und politisch öffnete. Es war eine Ära, die einen radikalen politischen, wirtschaftlichen, vor allem aber gesellschaftlichen Wandel mit sich brachte. Die politische Situation auf Okinawa hatte sich entspannt, weite Teile der Bevölkerung, vor allem der Adel und der Beamtenstand, hatten sich den japanischen Lebensgewohnheiten angepaßt. *Te* beziehungsweise *Kara-te* wurde nicht mehr in aller Heimlichkeit geübt.

Bei einer Musterung für den Wehrdienst in Shuri 1890 fiel dem untersuchenden Arzt die außerordentlich gute Konstitution einiger junger Männer auf. Sie gaben an, von einem Lehrer der *Jinjo Koto Shogakko* Grundschule in Karate unterrichtet zu werden. Das Musterungsergebnis beeindruckte die Militärbeamten so stark, daß der Erziehungskommissar der Präfektur, **Ogawa Shintaro**, den damals bekannten Karatemeister **Anko Itosu** beauftragte, sofort einen Lehrplan für den Schulunterricht zu erstellen. Itosu, Meister des *Shuri-te,* war derzeit Privatse-

Abb. 4: Yasutsune (Anko) Itosu   Abb. 5: Chojun Miyagi

kretär des Königs von Okinawa und in dieser Eigenschaft für Bildungsangelegenheiten zuständig. So kam es, daß 1902 Karate erstmals offiziell als Schulsport an den Mittelschulen Okinawas gelehrt wurde. Dies markierte einen entscheidenden Wendepunkt in der langen Entwicklungsgeschichte des Karate. Bis zu diesem Zeitpunkt diente das Erlernen und stete Üben, das Kräftigen und Abhärten des Körpers ausschließlich der Selbstverteidigung und dem Kampf auf Leben und Tod. Jetzt – durch den neuen Bekanntheitsgrad – sollte es zu einer Leibesertüchtigung umfunktioniert werden. Einer der aktivsten »Reformer« zu jener Zeit war **Gichin Funa-**

koshi (siehe Foto Seite 20), Schüler der berühmten Meister **Asato** und **Itosu.** Hatten diese bereits einfachere *Katas* für den Schulunterricht entwickelt, begann Funakoshi das okinawanische Karate, das immer noch mit dem Zeichen für *Tang* (ein Synonym für »chinesisch«, also »chinesische Hand«) geschrieben wurde, zu strukturieren und systematisieren. Er benutzte dabei Elemente des *Shorin-ryu* und des *Shorei-ryu*. Neben Itosu, Asato und Funakoshi war es auch **Kanryo Higaonna,** der das Karate ebenfalls stark reformierte. Higaonna perfektionierte sein *Okinawate* während eines längeren Aufenthaltes in China bei dem chinesischen Meister **Liu Liu Ko.**

Abb. 6: Kenwa Mabuni

Nach seiner Rückkehr führte er ein neues Prinzip im Karate ein, welches die weichen, ausweichenden Abwehrbewegungen *(Ju-no)* mit harten, direkten Kontern *(Go-no)* verband. Sein bester Schüler **Chojun Miyagi** sollte daraus später das weltweit verbreitete *Goju-ryu* Karate entwickeln, ein weiterer Schüler **Kenwa Mabuni** das ebenfalls verbreitete *Shito-ryu*.

Zwischen 1906 und 1915 führte Funakoshi mit einer kleinen Gruppe auf ganz Okinawa öffentliche Karate-Demonstrationen durch. Für ihn war Karate nicht mehr nur eine bloße Selbstverteidigungs- oder Kampfkunst, sondern diente zur grundlegenden Körper- und Charakterbildung. 1916 oder 1917 demonstrierte er Karate vor dem damaligen Kronprinzen und späteren Kai-

ser **Hiro Ito.** Dabei beeindruckte Funakoshi den Thronfolger so stark, daß dieser ihn 1922 nach Tokyo zur ersten nationalen Veranstaltung der Budo-Künste einlud. Zu jener Zeit war Funakoshi bereits Vorsitzender der ersten Vereinigung okinawanischer Kampfkünste. Obwohl er neben seinem Hauptberuf als Lehrer auch als Dichter sehr erfolgreich war (er veröffentlichte unter dem Pseudonym **Shoto),** hielt er sich nicht für einen guten Redner. So war sein Vortrag bei dieser, von großem öffentlichen Interesse begleiteten Veranstaltung recht kurz und angereichert durch Bilder und Fotos. Trotzdem drängten ihn die alteingesessenen Budo-Experten, teils aus Skepsis, teils aus Neugier, eine Vorstellung seiner Kunst im altehrwürdigen *Kodokan,* dem damaligen Budo-Zentrum Tokyos, zu geben. Dabei unterstützte ihn ein junger Karatelehrer aus Okinawa, **Gima Shinkin,** der sich zufällig ebenfalls zu jener Zeit in Tokyo aufhielt und der Veranstaltung beiwohnte. Die beiden begeisterten das anwesende Publikum, allen voran den »Vater« des modernen Judo, **Jigoro Kono,** derart, daß Funakoshi zum Bleiben und Lehren überredet wurde.

Zwei Jahre später, 1924, gründete er sein erstes *Dojo* an der Keio-Universität in Tokyo.

Andere große Meister aus Okinawa folgten ihm nach Japan, darunter Miyagi (1927) und Mabuni (1930). In jener Zeit erfuhr das Karate eine weitere grundlegende Veränderung. Der öffentliche Zuspruch, aber auch Druck, es in einen Sport zu verwandeln und es so für die Leibeserziehung an Schulen und Universitäten zugänglich zu machen, stieg stetig. Zudem waren die Universitäten damals Kaderschmieden für das Militär, und es lag nahe, Karate in der Ausbildung neben Judo und Kendo zu etablieren.

Weder Funakoshi noch den anderen älteren Meistern gefiel diese Entwicklung. Doch wollten sie Karate verbreiten, mußten sie Kompromisse eingehen. Nur so hatten sie Gelegenheit, ihre Anschauung und Pädagogik einer ganzheitlichen Kampfkunst zu verbreiten. Auf Okinawa jedoch separierten sich die konservativen Kräfte immer mehr.

Eine Folge der »Modernisierung«, oder besser »Japanisierung« war die geänderte Schreibweise des Begriffs *Karate*. Bisher wurde die Silbe *Kara* immer mit dem Zeichen geschrieben, das *Tang* bedeutete (*Tang* = chinesisch, zu China gehörig; in Anlehnung an die *Tang*-Dynastie). Mitte der 30er Jahre wurde *Tang* durch das gleichlautende Zeichen *Kara*

WICHTIG

Schriftzeichen für »Kara« (neu) = »leer«

空

Schriftzeichen »Kara« (alt) = »tang«

唐

für »leer« ersetzt. So wurde aus der »chinesischen« eine »leere« Hand (Karate). Formal wurde damit argumentiert, der buddhistischen Philosophie gerecht zu werden. Tatsächlich war es eher ein Zugeständnis an Japan. Spätestens von diesem Zeitpunkt an kann man beim Begriff *Karate* vom japanischen Karate sprechen. In Japan wurde dies als selbstverständlich angesehen. Noch heute spricht man dort vom »Okinawa-Karate«, wenn vom ursprünglichen Karate die Rede ist.

Assimilierung war immer schon eine Stärke Japans. Dies belegt auch die offizielle »Anerkennung« von Karate als »nationale Kampfkunst«. Das früher bekämpfte Karate wurde Teil der traditionellen, japanischen Budo-Disziplinen.

Die 30er Jahre waren bestimmt von reger Lehrtätigkeit. Karate verbreitete sich über ganz Japan, überwiegend an den großen Universitäten urbaner Zentren wie Tokyo, Osaka oder Kyoto. Die zunehmenden Neugründungen von *Dojos* und Universitäts-Clubs führten zwangsläufig zu strukturierten Organisationsformen. Der Unterricht fand immer mehr in großen Gruppen und Klassen statt. Ausbildungskonzepte und -inhalte änderten sich. Neben *Katas* wurde jetzt hauptsächlich Grundschule *(Kihon)* gelehrt.

Gogen Yamaguchi, Meisterschüler und Nachfolger von Miyagi, gründete 1935 den ersten Karate-Verband, den *Goju-kai,* und entwickelte die ersten Kampfübungen, Vorläufer des späteren Freikampfes *(Jiyu-kumite).* Ein Jahr später

Abb. 7: Gogen Yamaguchi

eröffneten Funakoshis Schüler dessen neu errichtetes *Dojo* in Tokyo (das alte war bei einem Brand zerstört worden) und nannten es ihrem alten Meister zu Ehren *Shotokan,* Haus des *Shoto.*

Der II. Weltkrieg und die anschließende amerikanische Besatzung brachten einschneidende Veränderungen für die Budo-Sportarten: Viele japanische Meister und Instruktoren waren aus dem Krieg nicht mehr heimgekehrt; andere brachten aus China und Korea neue Techniken mit, die sie in ihr System integrierten. Für eine kurze Zeit verboten die Amerikaner die Ausübung der Kampfkünste. Doch bald sahen sie ein, daß sie von der Ausbildung in Judo und Karate mehr

profitierten als von deren Verbot. So kam durch die Besetzung Japans, vor allem aber Okinawas, eine erste große Karate-Welle in die Vereinigten Staaten.

Mit den ersten Studentenmeisterschaften, die nach dem Krieg stattfanden, war die Umwandlung des Karate von einer traditionellen Kampfkunst zu einem modernen Kampfsport vollzogen. Aus der *Shotokan*-Schule ging die Japan Karate Association (JKA) hervor, ein zu jener Zeit mächtiger Verband, der vor allem die Universitätsvereine kontrollierte. Die JKA war der erste Verband, der forciert den Freikampf in seine Ausbildung aufnahm. Funakoshi selbst lehnte sowohl Organisationen, Verbände und Stilrichtungen mit ihren strikten Vorgaben ab. Ebenso die Versportlichung des Karate. Für ihn gab es keine Stile, sondern nur ein Karate mit all seinen Facetten, das sich nur durch lebenslanges Üben ergründen läßt. Bereits in den 40er Jahren bedauerte er, daß das Karate, wie es in Japan gelehrt und betrieben wurde, nicht mehr das war, was er anfänglich nach Japan brachte. Eine zu starke Versportlichung, die einzig auf körperliche Leistungsfähigkeit und den Gewinn von Wettkämpfen ausgerichtet war, reichte ihm nicht. Doch gerade sein ältester Sohn **Yoshitaka,** genannt Gigi, beeinflußte diese Entwicklung als Chefausbilder wesentlich. Sein Nachfolger und Mitbegründer der JKA, **Masatoshi Nakayama,** setzte diesen Weg fort. Ironie des Schicksals: Im Jahr des Todes von Funakoshi 1957 veranstaltete die JKA die ersten Alljapanischen Meisterschaften. Drei Jahre zuvor, 1954, gründete der Franzose Henry D. Plee in Paris das erste Budo-Dojo Europas. Der Homburger Jürgen Seydel lernte Karate auf einem Judo-Lehrgang in Frankreich kennen, auf dem eine Karate-Demonstration von Murakami stattfand. Begeistert besuchte er weitere Lehrgänge und lud **Murakami** nach

Abb. 8: Masatoshi Nakayama

Deutschland ein, um mit einigen Judokas einen Karate-Lehrgang durchzuführen. Aus dieser »Interessengemeinschaft« entstanden mit der Zeit Vereine, die sich schließlich 1961 zum Deutschen Karate Bund, dem ersten Fachverband, zusammenschlossen. In den 60er und 70er Jahren verbreitete sich Karate weltweit mit rasanter Geschwindigkeit. Weckten zu jener Zeit überwiegend die zahlreichen »Eastern«-Filme das Interesse, so interessierten sich in den 80er und 90er Jahren zunehmend mehr Menschen – aus den unterschiedlichsten Gründen – für Karate. In Deutschland versucht der Deutsche Karate Verband e. V. (DKV) als Dachorganisation und alleiniger Repräsentant beim Deutschen Sportbund (DSB) allen Stilrichtungen eine organisatorische Plattform zu bieten.

Philosophie und
Etikette des Karate

Wie alle Budo-Künste wurzelt das Karate im Zweikampf, der nicht selten über Leben oder Tod entschied. Dies forderte von den Kämpfern nicht nur eine perfekte Beherrschung der Technik, sondern im besonderen Maße auch geistige und psychische Eigenschaften wie Selbstvertrauen, Mut und eine bis zum Äußersten gehende Konzentration. Jegliche Unaufmerksamkeit, das geringste Abschweifen der Gedanken konnte die Niederlage und damit schwere Verletzungen oder den Tod bedeuten.

Do – der Weg

Beides – technische Perfektion und absolute geistige Konzentrationsfähigkeit – erforderten jahrelanges, hartes Üben mit bedingungsloser Hingabe. So vermittelten die Meister ihren Schülern nicht nur die richtige Technik, sondern schulten sie ebenso im psychologischen Bereich. Angst, Unentschlossenheit aber auch Übermut oder Gefühle wie Wut, Rache, Haß oder Eifersucht sollten abgebaut und vermieden werden, vielmehr gar nicht erst aufkommen. Das Handeln sollte bestimmt sein von Bewußtheit, Wachsamkeit, Klarheit und Konzentration auf das, was man gerade tut. Starken

Einfluß auf diese Ausbildung hatte der *Zen-Buddhismus* mit seiner Lehre des Nicht-Anhaftens, der Nicht-Abhängigkeit von Dingen, Begebenheiten, Gefühlen und Bedürfnissen. Dies ist jedoch nicht zu verwechseln mit dem westlichen Verständnis von Unabhängigkeit und Individualismus. Eine Lehre, die den Tod als Bestandteil der gesamten Existenz sieht, übte eine starke Faszination auf Kampfkünstler und Krieger aus. Das beständige Arbeiten an sich selbst, das weit über das reine (Technik-)Üben hinausgeht, bildete den Weg *(Do)* zu dieser Vollkommenheit. Die wahre Meisterschaft, die Beherrschung und letztlich das »Einswerden« mit der Kunst des Karate, kann nur durch den jahrelangen und konsequent verfolgten Weg der Übung, der ständigen Wiederholung, des Sich-Aufbäumens und Widersetzens gegen Ermüdung, Verzweiflung, Angst, des Ankämpfens und Niederringens der Gedanken an Aufgabe und Resignation erreicht werden. In dieser Geisteshaltung zeigt sich ein wesentlicher Unterschied zum Lernverhalten westlicher Menschen: Während dieser versucht, eine gestellte Aufgabe rationell (also auch durch Erklärung – wie z.B. in diesem Buch) zu lösen, strebte der östliche

Abb. 9:
Schriftzeichen
für »Do«

Schüler durch permanente Wiederholung *(Kihon, Kata)*, eine Übung oder Technik zu verinnerlichen, sie »schlicht« ein Teil von ihm werden zu lassen – vergleichbar mit dem Gehen oder Atmen, über das man auch nicht mehr nachdenkt, sondern es einfach tut, es einfach geschehen läßt. Dies ist der Weg, der oft schon von Kindheit an beschritten wurde und erst mit dem Tode endete.

Sensei –
der Lehrer

Abb. 10: Gichin Funakoshi im hohen Alter

Der Konfuzianismus wirkte stark über China hinaus bis nach Okinawa und Japan. Er regelte in strenger Form das gesellschaftliche und teils auch private Zusammenleben. Die hierarchische Gliederung der Gesellschaft spiegelte sich auch in den Budo-Disziplinen wider. Der Meister, der Älteste oder die älteren Mitschüler waren den neuen, jüngeren Schülern übergeordnet. Es war die Lebenserfahrung und damit die tiefere Einsicht in die Dinge, die dem Älteren die Autorität und den Respekt, aber auch das Vertrauen der Jüngeren entgegenbrachte. Gleichzeitig wuchs dessen Verantwortung, die Schüler auf den richtigen Weg zu führen,

ihnen nicht nur eine äußere Kunst des Kämpfens und Sich-Verteidigens beizubringen, sondern Werte, Normen und Einsichten zu vermitteln, die sie auf ihrem langen Lebensweg nutzen konnten.
Auf diese Weise bildete sich in vielen, vor allem kleinen und kleinsten Budo-Schulen (auch im alten *Okinawa-te)* ein enges Meister-Schüler-Verhältnis, das nach außen hin gekennzeichnet war von Regeln und Riten. Dieser Verhaltenskodex ordnete auch das Zusammenwirken in den *Dojos,* die Beziehungen untereinander und stärkte die Vermittlung und Weitergabe ethischer und moralischer Werte.

Wenngleich sich in den letzten Jahrzehnten die meisten Budo-Disziplinen zu reinen Sportarten entwickelt haben, so sind dennoch rudimentär Verhaltensweisen vorhanden (z.B. das An- und Abgrüßen), die sich auf die traditionelle Etikette gründen.

Dojo – die Übungsstätte

Ursprünglich waren *Dojos* Räume in Tempeln und Klöstern, in die man sich zur Meditation zurückzog, beziehungsweise Übungsstätten in den japanischen Schwertkampfschulen. Im Laufe der über 250 Jahre dauernden Friedensperiode unter dem Tokugawa-Shogunat betrieben die Samurai ihre Kampfübungen immer weniger zur rein kriegerischen Vorbereitung. In den Vordergrund traten vielmehr zen-buddhistische Inhalte wie die Meditation oder die Ausübung der Kampfkunst als Weg zur eigenen Vervollkommnung. Häufig waren die Trainingshallen in den Klöstern integriert oder lagen in deren unmittelbarer Nähe. So war die Halle nicht bloßer Trainingsort, sondern auch eine Stätte der Kontemplation und geistigen Schulung.

Der Begriff *Dojo* wird nicht nur für den Übungsraum benutzt, sondern bezeichnet auch allgemein die Schule oder den Verein, in dem der Kampfsport gelehrt wird. Klassische *Dojos* besaßen eine gewisse Atmosphäre, die nicht nur von den Äußerlichkeiten der Raumgestaltung und -umgebung, sondern auch von den Ritualen und menschlichen Beziehungen zueinander geprägt war. Heute wird Karate selten in Räumen trainiert, die einem klassischen *Dojo* entsprechen. Dennoch kann durch das »Praktizieren« einer Etikette aller Beteiligten eine entsprechende Atmosphäre geschaffen werden. Es geht nicht darum, sich einfach irgendwelchen Gepflogenheiten anzuschließen, bloß »mitzumachen«, sondern sich der jeweiligen Bedeutung bewußt zu sein und das Training entsprechend zu »leben«.

Auszug aus dem *Dojo-Kun* (Verhaltenskodex) nach Sakugawa (1733 – 1815)

- *Suche die Vervollkommnung deines Charakters!*
- *Sei (in all deinem Handeln) aufrichtig!*
- *Sei stets bemüht und strenge dich an!*
- *Achte die anderen!*
- *Meide gewaltsames Verhalten!*

Abb. 11

Abb. 12

Rei – der Gruß

Ein nicht wegzudenkender Bestandteil japanischen Zusammenlebens ist Höflichkeit und Respekt voreinander. Dies dokumentiert sich beispielsweise in der Verbeugung. Bereits vor dem Betreten und beim Verlassen der Übungshalle grüßt der Übende im Stand (Ritsu-rei) das Dojo an beziehungsweise ab. Mit diesem Gruß bezeugt der Eintretende nicht nur dem Dojo und allen sich darin Aufhaltenden Achtung, sondern beginnt bereits, eine gewisse Geisteshaltung einzunehmen, die ihn auf das bevorstehende Training einstimmt.

Der gleiche Gruß im Stand erfolgt vor jeder Partnerübung oder jedem Kampf und wenn man den Partner verläßt. Auch hier ist es nicht nur ein höflicher Achtungserweis, sondern man signalisiert dem Gegenüber seine völlige Aufmerksamkeit und Bereitschaft.

Das allgemeine An- und Abgrüßen vor oder nach dem Training erfolgt im Kniesitz (Seiza). Dies war früher die formale Sitzhaltung bei Begrüßungen und Unterredungen mit übergeordneten oder fremden Personen. Der genaue Ablauf (Abb. 13 – 19), wie man sich in den Kniesitz begibt (und nicht hineinplumpst), hatte durchaus eine pragmatische Bewandtnis. Prinzipiell war man im alten Japan bei aller Höflichkeit mißtrauisch und ließ auch bei Verbeugungen sein Gegenüber nicht aus den Augen. Mit dem schrittweise In-die-Knie-Gehen, dem beide Seiten gleichzeitig folgten, konnte man sein Gegenüber stets kontrollieren und war bis zuletzt in der Lage, das Kurzschwert zu ziehen oder einem Angriff auszuweichen.

Abb. 13

Abb. 14

Abb. 15

Abb. 16

Abb. 17

Abb. 18

Abb. 19

Abb. 20: Karate-Kas bei der Meditation

Das Grüßen erfolgt nach einer kurzen Meditation *(Mokuzu).* Traditionell wird zuerst in Richtung *Shomen* gegrüßt *(Shomen-ni-rei).* Dies ist die »Stirnseite« des *Dojos,* an der sich ein kleiner Altar oder Schrein mit der Asche des Meisters befand. Heute ziert ein Bild oder eine Kalligrafie diese Seite. Mit dem Gruß dorthin ehrt man den Meister und alle, die den Weg der Schule gegangen sind. Im zweiten Gruß wird der Lehrer oder Ausbilder gegrüßt *(Sensei-ni-rei).* Dieser Gruß schließt alle Trainierenden mit ein.

Dem *Mokuzu* sollte größte Beachtung geschenkt werden. Der Übende sollte diese Phase nutzen, um sich innerlich auf das Training vorzubereiten. Abstand zum Alltag zu gewinnen, und sich allmählich von den Gedanken und Emotionen zu entfernen, die ihn beschäftigen und gefangennehmen. Er soll versuchen, seinen Geist frei zu machen, um offen zu sein für das, was er lernen und üben wird. Diese »Kurzmeditation« ermöglicht es ihm, seine Konzentration und geistigen Kräfte ganz auf das Karate zu lenken und so vorbereitet die Stunde zu beginnen.

Desgleichen dient das Abgrüßen dazu, das eben Gelernte und Geübte »sich setzen« zu lassen. Auch jetzt gilt es wieder, seine Gedanken frei zu machen von dem, was gerade hinter einem liegt. *Mokuzu* dient jetzt nicht mehr der gedanklichen Aufbereitung der Stunde, dem Rekapitulieren, sondern der Lösung vom Training. Es versteht sich von selbst, daß Mokuzu nicht in ein paar Sekunden »der Form halber« durchgeführt werden kann. Daher sollte man dafür stets genügend Zeit einplanen.

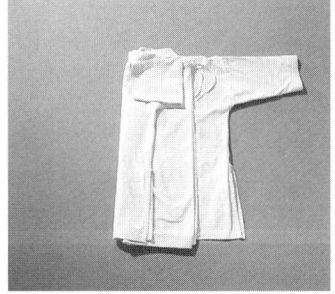

Abb. 22

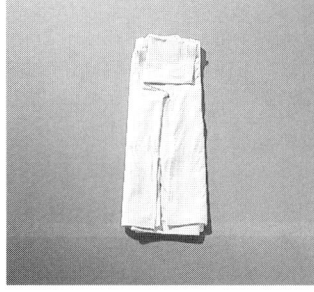

Abb. 23

Abb. 21

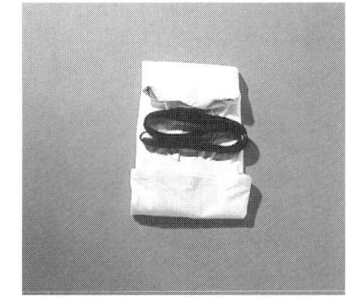

Abb. 24

Gi – der Anzug

Die japanische Bezeichnung für den weißen Baumwollanzug ist *Gi*. Er besteht aus einer langärmeligen Jacke *(Uwagi)* und einer Hose *(Zubon)*, die mit einem Band festgezogen wird. Das *Karate-gi* (wie das *Judo-gi*) entwickelte sich aus dem traditionellen Unterkleid, das unter dem Kimono getragen wurde. Noch heute findet man es als traditionellen Hausanzug *(Jinbe)* auf japanischen Märkten.

Karate-Anzüge gibt es in allen Qualitäts- und Preislagen. Mit zunehmender Qualität nimmt die Stoffstärke zu. Gemessen wird diese in Unzen (engl. Oz = Ounce per inch). Je höher die

Abb. 25

Unzenzahl, desto »schwerer« und haltbarer ist ein Anzug und um so mehr Schweiß kann er aufsaugen.

Neben der Stoffqualität ist vor allem die richtige Größe (Achtung: Viele Anzüge laufen bei der ersten Wäsche ein) und der Schnitt der Hose wichtig.

Eine im Schritt und an den Knien zu eng geschnittene Hose wirkt behindernd. Die Jackenärmel sollten bei gerade nach vorn gestreckten Armen mindestens bis zur Unterarmmitte reichen.

Das Zusammenlegen des Karate-gi, wie in den Abbildungen 21 – 25 gezeigt, geschieht nicht nur aus Tradition, sondern das Gewebe wird auch auf diese Weise geschont und der Anzug ist beim nächsten Gebrauch zudem nahezu faltenfrei.

Der Gürtel *(Obi)* diente ursprünglich dazu, die Jacke zusammenzuhalten. Heute erledigen das kleine Bändchen auf beiden Seiten der Jacke. Es gibt keine genauen Aussagen darüber, ob und wann das Gürtelsystem mit den unterschiedlichen Graduierungen und Farben aus dem Judo übernommen wurde. Die unterschiedlichen Gürtelfarben dokumentieren die Schüler-*(Kyu)* und Meistergrade *(Dan)*. Im *Shotokan-Karate* durchläuft der Schüler neun Prüfungen (9.–1. *Kyu),* bevor er sich der Prüfung zum ersten Meistergrad stellen kann.

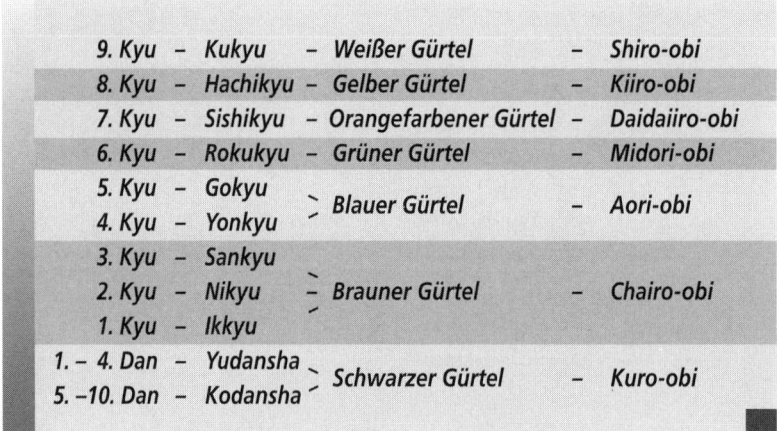

9. Kyu	– Kukyu	– Weißer Gürtel	–	Shiro-obi
8. Kyu	– Hachikyu	– Gelber Gürtel	–	Kiiro-obi
7. Kyu	– Sishikyu	– Orangefarbener Gürtel	–	Daidaiiro-obi
6. Kyu	– Rokukyu	– Grüner Gürtel	–	Midori-obi
5. Kyu	– Gokyu	Blauer Gürtel	–	Aori-obi
4. Kyu	– Yonkyu			
3. Kyu	– Sankyu			
2. Kyu	– Nikyu	Brauner Gürtel	–	Chairo-obi
1. Kyu	– Ikkyu			
1. – 4. Dan	– Yudansha	Schwarzer Gürtel	–	Kuro-obi
5. –10. Dan	– Kodansha			

Abb. 26: Graduierungen und Gürtelfarben im Shotokan-Karate

Anforderungsprofil im Karate

Karate zählt zu den komplexe-
sten Sportarten. Seine Techniken, Fortbewegungsformen
(z.B. Springen, Gleiten, Ausweichen, Drehen) und konditionel-
len Anforderungen beinhalten
alle motorischen Grundeigen-
schaften. Flexibilität, Koordination, Kraft, Schnelligkeit und
Ausdauer bestimmen die Leistungsfähigkeit des Karatekas.
Sie entwickeln sich im Laufe
des Lebens unterschiedlich.
Ihre Optimierung erfolgt in
verschiedenen Altersstufen
und hängt stark vom spezifi-
schen Training ab. Bei konstantem Training können die motorischen Grundfertigkeiten
jedoch über lange Jahre, teilweise bis ins hohe Alter, beibehalten, verbessert oder – bei
vorherigem Defizit – antrai-
niert werden. Im folgenden
werden diese fünf Grundeigen-
schaften und ihre Bedeutung
für den Karatesport kurz
beschrieben.

Abb. 27

Flexibilität

Flexibilität – häufig auch mit
»Beweglichkeit« umschrieben –
bezeichnet den willkürlichen
Bewegungsbereich in einem
oder mehreren Gelenken. Eingeschränkt wird die Flexibilität
durch die jeweilige Gelenk-
struktur (nicht beeinflußbar),
durch die Muskelmasse (bedingt beeinflußbar) sowie
durch die Dehnfähigkeit von
Muskeln, Sehnen, Bändern und
Kapseln (trainierbar). Im Kin-
des- und Jugendalter ist die
Flexibilität sehr hoch, sie erreicht ihr Maximum im Alter
von 11–14 Jahren. Ab dem
4. Lebensjahrzehnt nimmt sie,
insbesondere beim Mann, ab,
wenn nicht mit entsprechen-
dem Training entgegengewirkt
wird.
Hohe Bewegungsgeschwindig-
keiten sowie ein erhöhtes
Krafttraining können auf
Dauer die Flexibilität eindäm-
men. Ein solches Training sollte
zum Ausgleich mit ausgiebigen
Dehnübungen der beanspruch-
ten Muskulatur ergänzt werden. Eine höhere Körpertem-
peratur – hervorgerufen durch
Aufwärmübungen – erhöht die
Flexibilität.

Im Karatesport stellt die dynamische Flexibilität neben der Koordination eine fundamentale Voraussetzung für die Leistungsfähigkeit dar. Fußtritte (vor allem zum Kopf), Stellungen und schnelle, »flexible« Beinarbeit (z.B. im Freikampf) erfordern im Hüft-, Knie- und Sprunggelenk und den dort wirkenden Muskelgruppen gut ausgebildete Elastizität und Dehnfähigkeit. Ein gut strukturiertes und auf die jeweiligen Erfordernisse und individuellen Leistungsfähigkeiten abgestimmtes Gymnastikprogramm kann auch bei untrainierten Anfängern jeden Alters zu einer Verbesserung der Flexibilität führen beziehungsweise ein bereits erreichtes Niveau über lange Jahre erhalten.

Koordination

Koordination stellt das Zusammenwirken von Zentralem Nervensystem (ZNS) und der Skelettmuskulatur innerhalb eines gezielten Bewegungsablaufes dar. Im feinmotorischen Bereich wird häufig der Begriff der Geschicklichkeit (»Fingerfertigkeit«), im grobmotorischen Bereich der der Gewandtheit gebraucht. Eine Optimierung der Koordination erfolgt bei konstantem Training bis zum 20. Lebensjahr.

Ohne besondere Übung nimmt sie ab dem 40. Lebensjahr ab. Ziel der Koordinationsschulung ist eine Verbesserung des Zusammenspiels der Muskulatur und die Vermeidung von störenden Nebenbewegungen. Je besser also die Qualität der Koordination ist, um so präziser und müheloser wird das Bewegungsziel (die Karatetechnik) erreicht. Zudem

Abb. 28

ermöglicht eine gute Koordination eine schnelle Anpassung des eingeübten Bewegungsmusters an eine neue Situation. Das heißt, eine bereits automatisierte Bewegung (z.B. Abwehrtechnik) kann an sich ständig ändernden Situationen (z.B. Freikampf) angepaßt und flexibel eingesetzt werden.
Mit zunehmender Übung nimmt auch die Gewandtheit

innerhalb eines Bewegungsablaufes zu. Durch permanentes Üben (Automatisierung) erlangt der Trainierende – bei ständig korrekter Ausführung – mit der Zeit ein optimales Bewegungsmuster. Die Folge ist eine Ökonomisierung seiner Bewegungen, sprich: es werden nur jene Muskeln gezielt eingesetzt, die auch benötigt werden.

Mit zunehmender Wiederholung der Übung – beim Techniktraining im Karate ist das zum Beispiel die Grundschule *(Kihon)* – steigt der Übungseffekt so lange, bis Ermüdung eintritt. Mit einsetzender Ermüdung nimmt die Koordinationsfähigkeit ab. Wird jetzt dennoch weitergeübt, übernehmen zunehmend andere Muskeln (»Hilfsmuskeln«) die Arbeit. Dies führt zu falschen Bewegungsausführungen. Neben dem Ermüdungsgrad wird das Koordinationsvermögen durch die Bewegungsgeschwindigkeit und dem Informationsgehalt der gezielten Bewegung, dem sogenannten »Feedback«, beeinflußt. Für den Anfänger bedeutet das, die (neuen) Bewegungen zunächst in einem langsamen Tempo zu erlernen, um den Bewegungsblauf genau beobachten und steuern zu können. Ein weiteres Qualitätskriterium sind bereits vorhandene Bewegungserfahrungen aus anderen Sportarten. Übungspausen über längere Zeiträume oder unregelmäßiges Training führen zu einem allmählichen Erlöschen der eingeübten Bewegungsmuster. Der Übende »verlernt« die Technik.

Zusätzlich verbessern läßt sich die Koordination durch mentales Training, das heißt dem intensiven Vorstellen von Bewegungsabläufen ohne deren Ausführung.

Schnelligkeit

Unter Schnelligkeit wird im motorischen Bereich die Ausführung einer Bewegung in kürzestmöglicher Zeit verstanden. Sie ist eine komplexe Fähigkeit und wird von folgenden Eigenschaften beeinflußt:

- Reaktionsschnelligkeit,
- Geschwindigkeit der Einzelbewegungen,
- Fortbewegungsgeschwindigkeit des ganzen Körpers.

Die Reaktionszeit ist jene Zeit, die vom Moment einer Signalaufnahme – das kann ein akustischer, optischer oder taktiler Reiz sein – bis zum Beginn einer willkürlichen Handlung (Reaktion) verstreicht. Sie hängt ab von der Geschwindigkeit der Informationsaufnahme und -verarbeitung sowie der daraus erfolgenden Umsetzung des Nerv-Muskel-Befehls

(Bahnung). Eingeschränkt werden kann die Reaktionsfähigkeit u.a. durch Ermüdung, Alkoholeinfluß oder Überforderung (Streß).

Jede größere Bewegung setzt sich aus mehreren Einzelbewegungen zusammen. Diese können bei ein und denselben Sportler unterschiedlich ausgeprägt sein. So kann ein Sportler zum Beispiel über schnelle Armbewegungen, aber langsame Beine verfügen. Die Geschwindigkeit einer Karate-Technik ist somit abhängig von der Geschwindigkeit der Einzelbewegungen. Darüber hinaus beeinflußt bei den Extremitäten die Bewegungsrichtung die Geschwindigkeit. Die Fortbewegungsgeschwindigkeit oder Grundschnelligkeit ist neben physiologischen Einflußgrößen wie die Muskelzusammensetzung abhängig von der Koordination und der Schnellkraft. Schnelligkeit sollte im Anfängertraining nur eine geringe Rolle spielen. Eine Karate-Technik oder *Kata* in diesem Stadium so schnell wie möglich zu machen, ohne daß der Bewegungsablauf korrekt und sicher beherrscht wird, ist falscher Ehrgeiz. Erst wenn man eine Technik sicher beherrscht, sollte man dazu übergehen, sie schnell auszuführen. Eine gute Koordination ist absolute Voraussetzung für Schnelligkeit.

Kraft

Kraft als menschliches Leistungsmerkmal läßt sich als die Fähigkeit definieren, Widerstände zu überwinden beziehungsweise ihnen entgegenzuwirken. Die Muskelkraft wird nach folgenden Beanspruchungsformen unterschieden:

Abb. 29

1. Statische Beanspruchung
(Haltekraft): Sie ist die Muskelspannung, die willkürlich gegen einen fixierten (festen) Gegenstand ausgeübt wird, zum Beispiel beim Drücken gegen eine Wand. Muskellänge und Gelenkwinkel verändern sich nicht.
Vorteile:
- Gezielte Abstimmung auf bestimmte Muskelgruppen.
- Relativ hoher Kraftzuwachs in kurzer Trainingszeit.

Nachteile:

- Fehlende Koordinationsschulung, das heißt die maximale Kraftleistung für einen Bewegungsablauf kann nicht erzielt werden.
- Schnelle Ermüdung durch schlechte Sauerstoffversorgung des Muskels.
- Gefahr der Preßatmung und dadurch hervorgerufener überhöhter Blutdruck.

2. Dynamisch-positive Beanspruchung *(überwindende Kraft):* Bei gleichzeitiger Spannungszunahme nimmt die Muskellänge ab (konzentrische Beanspruchung); der Muskel verkürzt sich. Diese Arbeitsweise dient der Beschleunigung und der aktiven Bewegung.
Vorteile:

- Verbesserung der Koordination.
- Einschleifung eines Bewegungsablaufes bei korrekter Ausführung.
- Verbesserung der lokalen Muskelausdauer.
Nachteile:
- Schädigung des Gelenk- und Sehnenbereichs durch Überlastung, falsche Übung oder unkorrekte Ausführung.
- Einschleifen falscher Bewegungsabläufe bei unkorrekter Ausführung.

3. Dynamisch-negative Beanspruchung *(nachgebende »bremsende« Kraft):* Die auf den aktiven Muskel wirkende Kraft ist größer als seine Kontraktionskraft; der Muskel gibt mit Widerstand nach.
Vorteile:

- Relativ hoher Kraftzuwachs in kurzer Trainingszeit.
Nachteile:
- Extreme Beanspruchung von Muskeln, Sehnen, Bändern und Gelenken (vor allem bei Untrainierten) und daher hohes Verletzungsrisiko.
- Im Bereich des Maximalkrafttrainings nur an Geräten und mit Helfer durchzuführen.

Weiterhin läßt sich Kraft in Maximalkraft, Schnellkraft und Kraftausdauer differenzieren.
Maximalkraft ist die größtmögliche willkürliche Muskelspannung. Sie hängt ab von der Zusammensetzung der Muskelfasern (nicht beeinflußbar), des Querschnitts der Muskelfasern (Muskelgröße, trainierbar) und der willkürlichen Aktivierungsfähigkeit (trainierbar). Die Maximalkraft spielt für das Karate (und hier ausschließlich bei fortgeschrittenen Karateka und im Wettkampfbereich) eine indirekte Rolle, da ein gezieltes Maximalkrafttraining auch zur Verbesserung der Schnellkraft beiträgt.

Schnellkraft ist die Fähigkeit, in kürzester Zeit eine bestimmte Bewegung mit großer Kraft auszuführen beziehungsweise einen gegebenen Widerstand schnellstmöglich zu überwinden. Die maximale Schnellkraft wird auch **Explosivkraft** genannt. Im Karate zeigt sie sich beispielsweise bei der Schrittechnik, einem blitzschnellen Hervorschnellen oder Ausweichen wie in einem explosiven »Herausschießen« der Angriffstechnik. Die Schnellkraft hängt ab von der Maximalkraft, der Reaktionszeit sowie dem Koordinationsvermögen.

Die **Kraftausdauer** gibt Auskunft darüber, wieviele Wiederholungen innerhalb einer vorgegebenen Zeit ausgeführt werden können (z.B. Anzahl der Klimmzüge in der Minute) oder wie lange die maximale Haltedauer bei einer gleichbleibenden, statischen Muskelspannung ist.

Gerade die für einen Anfänger ungewohnten Stellungen und Schritte, aber auch Beintechniken wie der Vorwärts- oder Seitwärtsfußtritt (*Mae-geri* oder *Yoko-geri*) stellen im Grundschultraining eine länger andauernde statische und dynamische Belastung dar, so daß die Komponente der Kraftausdauer gerade im Anfängertraining eine große Rolle spielt.

Ausdauer

Ausdauer ist die Fähigkeit, eine bestimmte Leistung über einen möglichst langen Zeitraum aufrechtzuerhalten. Sie gibt das Maß der Widerstandsfähigkeit gegen Ermüdung an. Eine allgemeine aerobe Ausdauerfähigkeit verbessert die Leistungsfähigkeit des Herz-Kreislauf-Systems und damit der allgemeinen Energiebereitstellung, die die körperliche Belastungsfähigkeit bestimmt. Ein gut trainiertes Herz-Kreislauf-System garantiert eine ausreichende Energieversorgung und beugt somit einer frühzeitigen Ermüdung vor. Um einen positiven Effekt eines allgemeinen Ausdauertrainings zu erzielen, müssen jedoch mindestens ein Sechstel der Skelettmuskulatur beansprucht werden und die Belastungsdauer sollte wenigstens 15 Minuten betragen. Ein gezieltes und dosiertes Ausdauertraining ist – als Ergänzung zum Karatetraining – besonders für Anfänger, richtig, denn das Karatetraining erfordert Ausdauer, ist aber selbst weniger dafür geeignet, eine gute allgemeine Ausdauerfähigkeit heranzubilden. Wir wollen an dieser Stelle – nicht zuletzt aus Platzgründen – auf weitere, detailliertere Ausführungen und Anleitungen zum Ausdauertraining verzichten und verweisen auf die einschlägige Fachliteratur (siehe auch Literaturverzeichnis auf Seite 139).

Zusammenfassend kann man festhalten, daß Anfänger ihren Trainingsschwerpunkt in erster Linie auf die **Koordinationsschulung** setzen sollten. Ist das oberste Ziel eine schnelle und starke Technikausführung, so können Übungsfolgen, die zu früh auf eine schnelle Ausführung der gerade erlernten Technik ausgerichtet sind, den mühsam erworbenen Bewegungsablauf stören. Unterstützt werden sollte die Koordinationsschulung, sprich das Techniktraining durch ein umfassendes Flexibilitäts-, Kraft- und Ausdauerprogramm, das variabel und allgemein, also nicht technikspezifisch gestaltet sein sollte.

Das **Krafttraining** sollte im submaximalen Bereich ablaufen und so angelegt sein, daß es nicht einseitig belastet. Es soll ausgleichend und ergänzend zur Koordinationsschulung wirken. Wichtigstes Ziel ist eine allgemeine Kräftigung des gesamten Halteapparates, die letztlich Gleichgewicht und Balance bei der Fortbewegung und den Beintechniken gewährleistet.

Ein zu früh einsetzendes **Schnelligkeitstraining** kann zum Einschleifen falscher Bewegungen führen. Langsa-

mere, unverkrampfte Bewegungen sind zwar nicht einfacher auszuführen, denn sie erfordern ein gutes Maß an Bewegungskontrolle und -beherrschung, sie ermöglichen aber dem Übenden eine bewußte und damit eine kontrollierte Steuerung mit dem notwendigen Feedback. Um dies zu erreichen, werden Flexibilität und Kraft beziehungsweise Kraftausdauer im motorischen Bereich vorausgesetzt. Erst wenn man als Fortgeschrittener einen gewissen Festigungsgrad erreicht hat, kann man das Tempo der Technikausführung steigern. Dabei sollte »spiralförmig« vorgegangen werden, also das Tempo innerhalb der Übung allmählich bis zur schnellstmöglichen Ausführung steigern, um im erneuten Durchgang wieder langsam und kontrolliert zu beginnen. Erst wenn die Karate-Technik weitestgehend korrekt ausgeführt wird, kann neben der Geschwindigkeit auch der Krafteinsatz gesteigert werden. Auch hier gilt das gleiche wie für die Schnelligkeit. Ein zu frühes Einsetzen von übermäßiger Muskelanspannung bei noch unzureichender Technik führt zu Verkrampfungen und zu falschen Bewegungsabläufen.

Eine gute allgemeine aerobe **Ausdauer** ist die Grundvoraussetzung, um eine körperliche

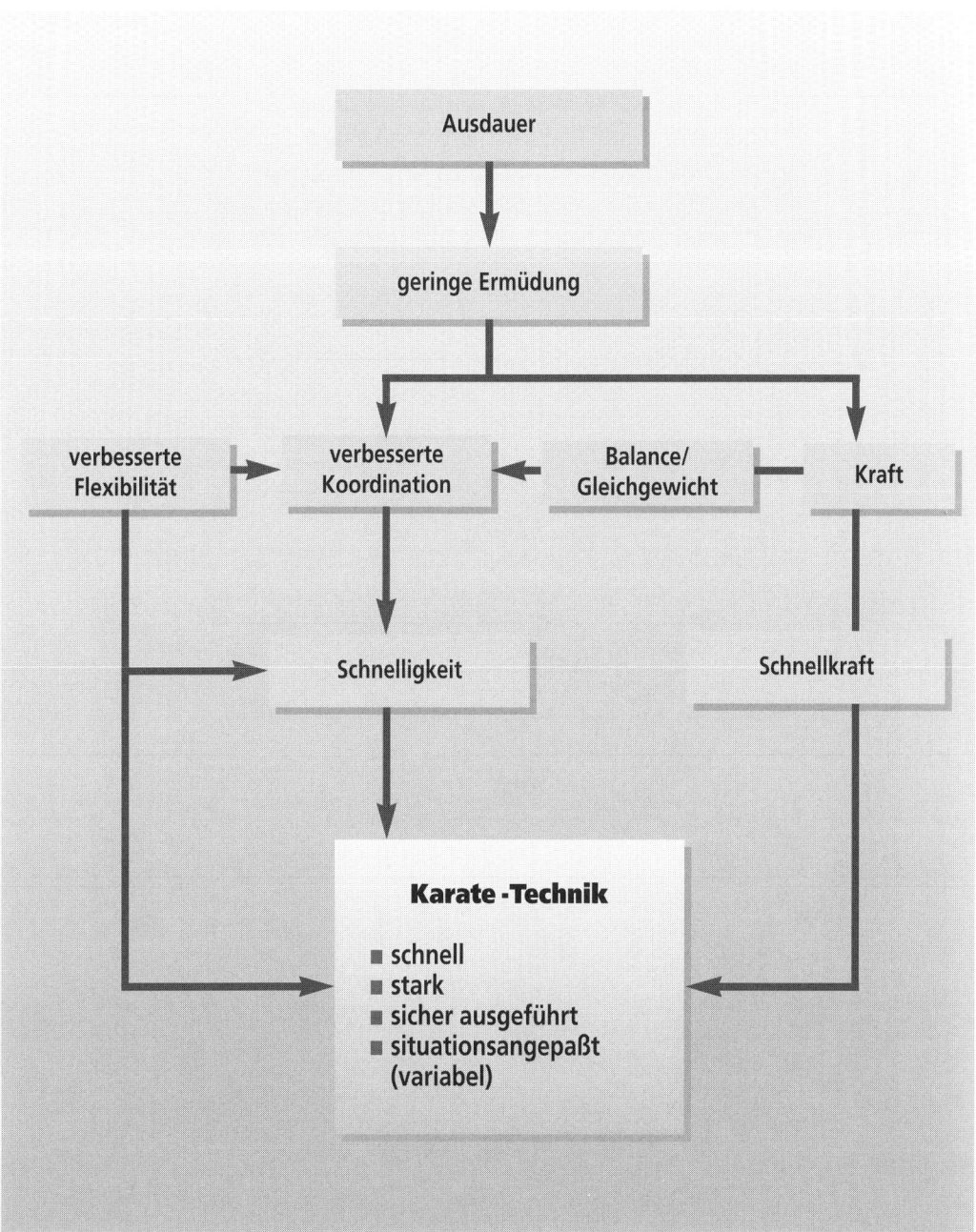

Abb. 30: Einflüsse der motorischen Eigenschaften auf die Karate-Technik

Leistungsfähigkeit über längere Dauer, zum Beispiel einer Trainingseinheit von 90 Minuten, zu gewährleisten. Gerade das Erlernen von neuen, ungewohnten Techniken verbraucht relativ hohe Energie, da die Bewegungsabläufe noch schlecht koordiniert und somit unökonomisch ausgeführt werden. Ein sinnvoll aufgebautes Ausdauertraining bewirkt eine verbesserte Herz-Kreislauf-Arbeit, erhöhte Energiedepots und vermehrte Energiebereitstellung. Die Ermüdungsgrenze wird nach oben verschoben, der Übende kann dadurch wesentlich leichter und effektiver lernen.

Abb. 31

Karate -Technik

Prinzipien der Karate-Technik

Das Technikrepertoire im Karate ist reichhaltig. Jeder Stil *(Ryu)* bevorzugt bestimmte Techniken und Stellungen und hat seine besonderen Schwerpunkte. Doch unabhängig davon weisen alle Karate-Techniken typische Merkmale auf, die den Charakter dieser Kampfkunst ausmachen:

- *Zielgerichtetheit der Technik*
- *Richtige Schwerpunktverlagerung*
- *Korrekter Einsatz der Hüften*
- *Prinzip von Anspannung und Entspannung (Kime)*

Zielgerichtetheit der Technik

In der Regel werden beim Üben einer Technik, eines Prüfungsprogrammes oder im Partnertraining nur die allgemeinen Angriffsstufen (Körperregionen) *Jodan* oder *Chudan* angegeben oder gefordert. Der *Gedan*-Bereich bleibt meist unbeachtet, da er im sportlichen Wettkampf zu den verbotenen Zonen zählt. Diese Einteilung ist jedoch ungenau. Karate-Techniken erhalten ihre enorme Trefferwirksamkeit nicht nur auf Grund der explosiven Schnelligkeit und Kraft, sondern weil sie exakt empfindliche Körperstellen treffen. Solche Punkte werden als *Atemi* bezeichnet und spielen auch bei fernöstlichen Heilverfahren wie Akupunktur oder Akupressur eine wichtige Rolle (siehe Abbildungen 32 und 33 auf Seite 39).

Im *Kihon*- wie im *Kata*-Training ist es ebenso wichtig, neben einem korrekten Bewegungsablauf eine exakte Zielgerichtetheit der Angriffs- oder Abwehrtechnik zu erreichen. Das gilt natürlich auch für das Partnertraining. Man sollte zum Beispiel im *Chudan*-Angriff nicht einfach nur in Richtung Brustkorb oder Bauch stoßen oder treten, sondern sich so genau wie möglich auf einen kleinen Zielbereich (z.B. Solarplexus) konzentrieren. Auch die gesamte Fortbewegung, also das Vor-, Zurück- oder Seitwärtsgehen/-gleiten oder das schräge Ausweichen, sollte einer exakten Bahn folgen und die Zielgerichtetheit der Arm- oder Beintechnik unterstützen.

- *Jodan: obere Angriffsstufe (Kopf und Hals)*
- *Chudan: mittlere Angriffsstufe (Schulter bis Gürtellinie)*
- *Gedan: untere Angriffsstufe (von der Gürtellinie abwärts)*

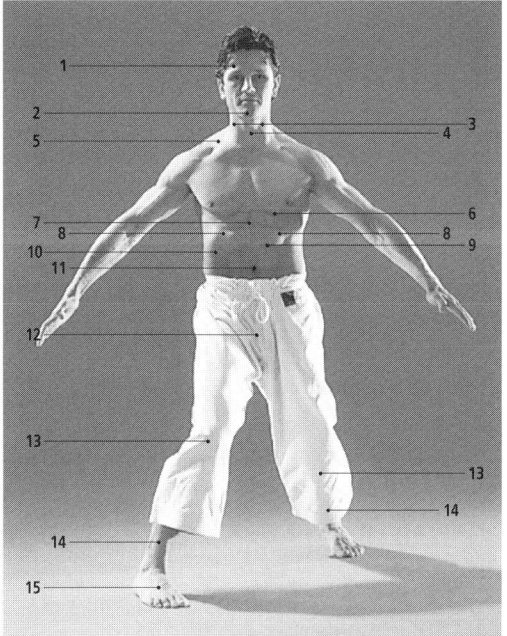

Abb. 32

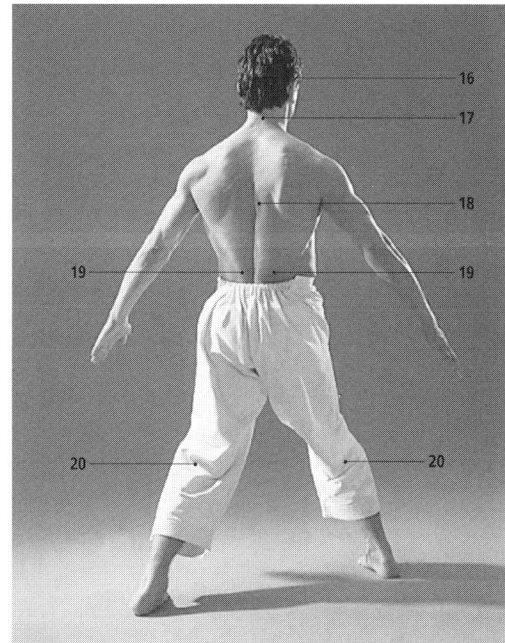

Abb. 33

1 Schläfe (Treffen mit Handkante oder Faust)

2 Kinnspitze (Treffen mit Faust, Ellbogen oder Fuß)

3 Halsschlagadern (Treffen mit Handkante)

4 Kehlkopf (Treffen mit Handkante oder Fingerspitzen)

5 Schlüsselbein (Treffen mit Handkante)

6 Herz (Treffen mit Ellbogen, Handkante oder Faust)

7 Solarplexus (Treffen mit Fingerspitzen, Handkante, Faust, Ellbogen oder Fuß)

8 Kurze Rippen (Treffen mit Handkante, Faust, Ellbogen oder Fuß)

9 Magen (Treffen mit Handkante, Faust, Ellbogen oder Fuß)

10 Leber (Treffen mit Handkante, Faust, Ellbogen oder Fuß)

11 Unterleib (Treffen mit Handkante, Faust, Ellbogen oder Fuß)

12 Hoden (Treffen mit Fuß oder Faust)

13 Kniescheiben (Treffen mit Fuß)

14 Schienbeine (Treffen mit Fuß)

15 Fußbrücke (Treffen mit Fuß)

16 Hinterkopf (Treffen mit Faust oder Handkante)

17 Genick (Treffen mit Handkante oder Faust)

18 Wirbelsäule (Treffen mit Ellbogen oder Fuß)

19 Nieren (Treffen mit Handkante oder Fuß)

20 Kniekehlen (Treffen mit Fuß)

Richtige Schwerpunktverlagerung

Der Körperschwerpunkt sollte sich bei der Fortbewegung, wie auch bei einer Verlagerung, zum Beispiel beim Umsetzen von einer Stellung in eine andere oder bei Wendungen, möglichst nicht in der Höhe verändern. Ein »Auf- und Abwippen« wirkt bei einem Anfänger vordergründig als entlastend, bedeutet aber in Wirklichkeit eine zusätzliche Muskeltätigkeit, die die eigentliche Fortbewegung in deren Wirksamkeit negativ beeinflußt. Der Körper geht zum einen einen längeren, unökonomischen Weg, zum anderen verliert die Oberschenkelmuskulatur entsprechend an Spannung, zum Beispiel kann man beim Vorstoßen im Vorwärtsschritt bei Anfängern oft ein unkontrolliertes und unkontrollierbares Hineinfallen beobachten (Abb. 34).

Stellt man im Training ein vermehrtes »Auf- und Abwippen« fest, ist die Ursache meist eine Übermüdung der Beinmuskulatur. Die Übung sollte dann abgebrochen und durch ein regeneratives Gymnastik- und Entspannungsprogramm ersetzt werden. Alternativ können auch andere Übungsschwerpunkte gesetzt werden. Ein zweiter wichtiger Aspekt ist die Schwerpunktlage. Je tiefer der Körperschwerpunkt gehalten wird, desto stabiler ist die Stellung. Der Nachteil liegt allerdings in einer geringeren Flexibilität. Ein höherer Schwerpunkt begünstigt schnelle Bewegungen und Beintechniken, ein niedriger Schwerpunkt unterstützt Abwehrtechniken gegen harte, heftige Angriffe oder explosive Armkonter auf der Stelle. Die Verlagerung des Schwer-

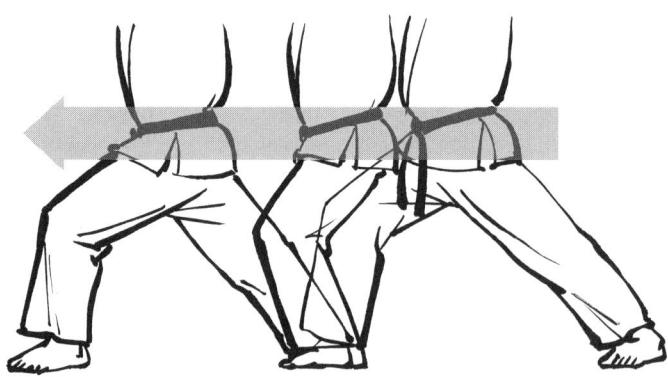

Abb. 34

punktes auf die Beine ist ebenfalls situationsabhängig. Bei einer Abwehr wird sich das Gewicht eher in der Mitte befinden oder zum hinteren Bein verschieben. Bei Angriffstechniken liegt der Schwerpunkt dagegen überwiegend auf dem vorderen Bein. Dies ist jedoch keine feste Regel. Entscheidend ist nicht eine Angriffs- oder Abwehraktion, sondern mit welcher Zielsetzung sie erfolgt. Bei ausweichenden, wegleitenden, also eher »runden« oder »weichen« Abwehrtechniken wird der Schwerpunkt hinten liegen, um dann sofort aus der Spannung des hinteren Beines heraus kontern zu können. Bei einem harten, nach vorn in den Gegner hinein gerichteten Block ruht das Körpergewicht eher vorn. Die Verlagerung des Körpergewichtes wird zudem eingesetzt, um auf kurze Distanz einem Angriff auszuweichen beziehungsweise einen Konter oder Angriff auszuführen.

Einsatz der Hüfte

»Hüfte«, »Hüfteinsatz« oder »Drehen (Aus- oder Eindrehen) der Hüfte(n)« sind zentrale Begriffe in der Karateschulung. Häufig dienen sie als Umschreibung unterschiedlicher Vorgänge. Wenn von den verschiedenen Hüftbewegungen und -einsätzen gesprochen wird, so setzt dies immer den ganzen Rumpf voraus. Becken- und Hüftbereich sowie Brustkorb und Schultern dürfen also nicht getrennt agieren, sondern müssen immer als eine Einheit angesehen werden.

Neben der geradlinigen Bewegung der Hüfte, wie sie oben bei der Schwerpunktverlagerung besprochen wurde, kommt der Hüftrotation eine große Bedeutung zu. Durch die Rotationsbewegung überträgt sich die Bewegungsenergie des Oberkörpers auf die Extremitäten. Dies hat eine zusätzliche Stabilisierung und Beschleunigung der Bewegung zur Folge. Rotationsbewegungen findet man bei

- Abwehrtechniken, wobei sie auch noch zur Verringerung der Angriffsfläche dienen.
- Konter- oder Angriffstechniken wie zum Beispiel *Gyaku-tsuki* oder *Kizami-tsuki*, bei denen sie stark beschleunigend wirken.
- Beintechniken wie *(Ura-) Mawashi-geri*, um unter anderem die Ausgangsposition für die Schnappbewegung zu schaffen.
- Stellungswechseln.

Das Ein- oder Ausdrehen sollte synchron mit der Schlag- oder Stoßbewegung erfolgen und ebenfalls gleichzeitig mit dem Auftreffen enden. Die Art der Ausführung entscheidet mit

41

darüber, ob eine Technik »geschoben« oder explosiv ausgeführt wird.

Während beim geradlinigen Vorstoßen der Hüfte (z.B. *Oi-tsuki, Mae-geri*) der Schwerpunkt in Bewegungsrichtung mitgenommen wird, muß man bei den Rotationsbewegungen die Drehachse beachten, da sie die Verlagerung des Schwerpunktes und damit einen Teil des Energieflusses beeinflußt. Die Drehachse kann entweder durch ein Hüftgelenk (Hüft-außenseite) oder durch die Hüft- beziehungsweise Körpermitte verlaufen. Bei der Drehung um ein Hüftgelenk findet eine leichte Verschiebung des Körperschwerpunktes (Distanzgewinn) statt, die Energieübertragung aus der Rotation folgt dieser Verschiebung. Bei der Drehung um die Körperachse bleibt der Schwerpunkt auf der Stelle, die Energieübertragung folgt der Drehbewegung. Die unterschiedlichen Auswirkungen der verschiedenen Achsen veranschaulichen die Beispiele in den Abbildungen 35 und 36.

Abb. 35

Abb. 36

Ein explosives Aus- oder Eindrehen der Hüfte trägt entscheidend zur Schnelligkeit und Wirksamkeit einer Technik bei. Daher sollte man immer darauf achten, daß der Einsatz der Hüfte nicht ein bloßes Drehen des Beckens in den Hüftgelenken bedeutet, sondern der ganze Rumpf sozusagen als »Motor« für die Extremitäten fungiert.

Kime

Karate-Techniken sollen so schnell und hart wie möglich ausgeführt werden. Um dies zu gewährleisten, müssen die Bewegungen aus einem entspannten Zustand heraus erfolgen. Während der Beschleunigung dürfen nur die Muskeln aktiviert werden, die an der Bewegung direkt beteiligt sind. Die Lockerheit in der Bewegung grenzt eine Anspannung überflüssiger Muskulatur aus, welche sich als eher hemmend denn unterstützend auswirken würde. Am besten läßt sich eine blitzschnelle, aber dennoch entspannte Bewegung am Beispiel des Auffangens eines umkippenden, gefüllten Wasserglases erklären. Um ein Ausschütten des Glases zu verhindern, greift man reflexartig mit der Hand zu, die Bewegung erfolgt fast unbewußt, schnell und

ohne jegliche Anspannung und Verkrampfung. In dieser Art sollen Karatebewegungen ausgeführt werden – plötzlich, schnell und locker. Erst im Moment des Auftreffens endet die Technik mit der völligen Anspannung der gesamten Muskulatur.

Dieser Punkt wird *Kime* genannt, was sich nur unzulänglich mit »Brennpunkt« oder »Fokussierung« übersetzen läßt. Es ist der Moment höchster geistiger und physischer Anspannung im Moment des Treffens. Er ist nicht zu verwechseln mit einer »Verkrampfung« des Körpers, denn unmittelbar nach dem Treffen sollte sich wieder die Entspannung einstellen. *Kime* ist der zentrale, alles entscheidende Augenblick, hier treffen alle sich vor, in und während der Technik entwickelnden Kräfte, körperliche wie geistige, zusammen und »enden« beziehungsweise wirken gleichsam explodierend beim Auftreffen.

Rein motorisch gesehen, »rastet« die Bewegung schockartig ein; jedoch wird die Technik nicht plötzlich gestoppt oder bleibt stehen, wie es äußerlich scheinen mag, vielmehr werden in diesem Augenblick die Kräfte gebündelt auf den Gegner weitergegeben, um so ihre durchschlagende Wirkung zu erzielen.

Kiai

Neben der starken Arretierung der Technik ist eine weitere äußere Erscheinung von *Kime* die starke Ausatmung, die nicht selten in einer Art Schrei endet. Der sogenannte *Kiai* wird irrtümlich oft als »Kampfschrei« bezeichnet, dessen Lautstärke Schreck und Verwirrung beim Gegner bewirken soll. Dies ist jedoch nicht seine wahre Natur, sondern eher ein Nebenprodukt. Der *Kiai* ist der Höhepunkt der Ausatmung im Moment der vollen Anspannung der Bauch- und Rückenmuskeln. Je nach Atemtechnik muß er nicht laut erfolgen. Sicherlich hilft es dem Neuling im Karate, am Anfang bei einer stark ausgeführten Technik zu schreien. Dies erfordert ebenfalls eine Anspannung der Muskulatur, aber eben nur der Brust- und Rippenmuskeln. Der *Kiai* sollte aber nicht »aus der Brust« geschrien werden, sondern das Ergebnis einer tiefen, starken Ausatmung aus den unteren Bauchmuskeln heraus sein, die im Augenblick des Treffens völlig angespannt werden.

Abb. 37

Inhalte des Karate-Trainings

Die Struktur des Technikrepertoires im Karate erscheint einfach und klar. Basis einer jeden Technik *(Waza)* bilden die Stellungen *(Dachi)* und (Körper-) Bewegungen *(Sabaki)*. Zur Abwehr oder zum Angriff (Konter) können Arm- und Handtechniken *(Joshi-waza)* oder Bein- und Fußtechniken *(Kashi-waza)* eingesetzt werden. Eine »Spezialität« bilden die Würfe *(Nage-waza)*.

Die übliche Form, in der die Techniken erlernt und geübt werden, sind Grundschule *(Kihon)*, Formen *(Kata)* und Partnerübungen *(Kumite)*. In der Grundschule werden die Techniken auf der Stelle *(Kihon)* und in der Fortbewegung *(Kihon-ido)* einstudiert. Aus den Einzeltechniken entwickeln sich dann Angriffs- und Abwehrkombinationen. Eine festgelegte, komplex zusammengesetzte Reihenfolge von Abwehr- und Angriffstechniken bilden die *Kata*. Mit und in diesen »Ablaufformen« simuliert der Übende vordergründig einen Kampf gegen mehrere Gegner. Jetzt beginnt der Übende, Techniken in wechselhaften Situationen und komplexen Zusammenhängen einzusetzen: Einer Abwehr läßt er eine zweite oder einen Gegenangriff folgen, er vollzieht Wendungen, Richtungsänderungen, er wird gezwungen, kurz hintereinander Angriffe auf verschiedene Stufen abzublocken oder unterschiedliche Distanzen zu überbrücken.

Im Partnertraining kommen schließlich seine erlernten Techniken zur Anwendung. Zunächst beginnt der Schüler mit vorher festgelegten Angriffen und Abwehren, dem sogenannten *Yaku-soku-kumite*. Der Gestaltungsmöglichkeit von *Yaku-soku-kumite* sind nur durch den Einfallsreichtum der Übenden Grenzen gesetzt. Neben den auszuführenden Techniken werden Angreifer und Verteidiger bestimmt, die Anzahl der Angriffe oder Aktionen sowie die Art der Ausführung. In den geläufigsten Übungsformen *Yaku-soku-kumite* greift ein Partner grundschulmäßig einmal *(Kihon-ippon-kumite)*, dreimal *(Kihon-sanbon-kumite)* oder fünfmal *(Kihon-gohon-kumite)* hintereinander an. Eine fortgeschrittene Form, die zu der hohen Schule des Kämpfens überleiten soll, ist das *Jiyu-ippon-kumite,* in dem nur einmal, allerdings freikampfmäßig, angegriffen wird. Im *Jiyu-kumite,* dem Freikampf, kämpfen schließlich beide Partner frei von Vorgaben unter Einhaltung der Wettkampfregeln miteinander.

Allgemeine Hinweise zum Karate-Training

Geduld (mit sich selbst), Ausdauer im Sinne von Durchhaltevermögen und Regelmäßigkeit sowie Gleichmut sollten die ständigen Begleiter des Karatekas sein. Die Motivation, ein Ziel unbedingt erreichen zu wollen, ist durchaus wichtig; doch hemmt übertriebener Ehrgeiz ebenso die Entwicklung und den Fortschritt wie eine zu gleichgültige Einstellung. Man sollte stets mit dem nötigen Ernst und mit Freude sein Training absolvieren. Wenn etwas nicht gleich von Anfang an so läuft, wie Sie es sich vorgestellt haben, verzagen Sie nicht: »Geduld ist ein wahrer Schatz im Haus«. Vertrauen Sie Ihren potentiellen Fähigkeiten und Ihrem Trainer. Ein zu schnelles Fortschreiten, ein ungeduldiges Anhäufen von kaum beherrschten Techniken oder Katas endet meist in einer Sackgasse. Lassen Sie sich Zeit, damit sich Ihre Fertigkeiten kontinuierlich und beständig entwickeln und reifen können. Dies erreichen Sie am besten durch regelmäßiges, konzentriertes und selbstkritisches Training. Wichtig: Der wirkliche Erfolg stellt sich nicht über Nacht mit einem »Knall« ein, sondern kommt allmählich auf leisen Sohlen.

Ein guter Trainer weiß Sie zu führen und zu leiten. Eines Tages werden Sie erkennen, was Sie schon leisten können; Sie werden aber auch den weiteren Weg vor sich sehen, der nie zu enden scheint. Folgende, allgemeingültige Ratschläge sollten Sie sich neben den technikspezifischen Tips stets ins Gedächtnis rufen und beachten:

1. Gehen Sie erst dann zum nächsten Schritt über, wenn Sie den ersten beherrschen. Auch ein Kleinkind beginnt erst mit dem Krabbeln bevor es läuft. Üben Sie eine Technik erst im Stand. Dies kann in der »natürlichen« Stellung *(Hachiji-dachi)* oder in einer Grundstellung *(Zenkutsu-, Kokutsu-* oder *Kibadachi)* erfolgen. Erst wenn Sie die Technik flüssig und möglichst fehlerfrei ausführen können, kombinieren Sie sie mit einer Fortbewegung.

2. Üben Sie die einzelnen Bewegungsphasen erst isoliert, dann aneinandergereiht, schließlich flüssig in einem Bewegungsablauf. Kehren Sie hin und wieder zurück zu den Einzelphasen. Üben Sie sowohl die Einzelphasen wie die Gesamtbewegung in den verschiedenen Stellungen: im Stand, aus der Stellung heraus in der Fortbewegung, in die Stellung hinein.

3. Führen Sie Ihre Techniken immer locker und unverkrampft aus. Ein typisches Merkmal verkrampfter Haltung sind beispielsweise hochgezogene Schultern. Die Anspannung erfolgt erst in der Endphase. Verharren Sie keinesfalls zu lange in dieser Endspannung.

4. Halten Sie den Oberkörper immer gerade und aufrecht. Vermeiden Sie in jedem Fall ein Hohlkreuz.

5. Üben Sie das Fortbewegen (Vor- und Zurückgehen/-gleiten) in einer Stellung solange ohne Technik, bis Sie es sicher beherrschen. Sie sollten sich ohne Auf- und Abwippen bewegen können; erst dann können Sie die Fortbewegung mit einer Technik kombinieren.

6. Die Fortbewegung sollte stets einem Gleiten ähneln. Führen Sie dazu den Fuß des Spielbeines immer knapp über den Boden.

7. Richten Sie Ihren Blick geradeaus nach vorn. Vermeiden Sie es, »ein Loch« in den Boden oder den Bauch Ihres Partners zu starren.

8. Bei Stoß- oder Schlagtechniken wie *Tsuki, Uraken* oder *Gedan-barai* wird die Technikbewegung kurz vor der völligen Streckung des Ellbogengelenks gestoppt. Das gleiche gilt bei Fußtechniken wie *Mae-geri* oder *Mawashi-geri*. Die Schnappbewegung endet hier kurz vor der völligen Streckung im Kniegelenk. Ein »Durchziehen« der Technik bis zum zwangsläufigen Stopp durch völlige Streckung des jeweiligen Gelenks führt auf Dauer zu Gelenkschädigungen.

9. Das Ein- oder Ausdrehen (auch Abdrehen) der »Hüfte« bedeutet immer eine gleichzeitige Rotationsbewegung von Becken und Oberkörper (siehe auch Seite 41 f.). Achten Sie immer auf eine exakte und korrekte Ausführung! Viele Rückenbeschwerden resultieren aus einer falsch ausgeführten Rotationsbewegung.

10. Jede Aktion wird gleichzeitig von einer Ausatmung begleitet. Diese erfolgt aus dem Bauch heraus. Es ist nicht leicht, seine Atmung von Brust- auf Bauchatmung umzustellen. Ein guter Moment, dies zu üben, ist das *Seiza* zu Beginn und am Ende des Trainings.

11. Beherrschen Sie eine Armtechnik bereits recht gut, richten Sie Ihr Augenmerk auch auf das Zurückziehen des anderen Armes bzw. der anderen Faust. Die Bedeutung von *Hikite* sollte nicht unterschätzt oder vernachlässigt werden.

12. Machen Sie Ihre Stellungen nicht unnötig »lang«, nur um tief zu stehen. »Tief stehen« bezieht sich auf einen abgesenkten Schwerpunkt durch starke Beugung der Knie. Dies ist zwar anfänglich sehr anstrengend und unangenehm, aber durch diese Beugung erhält die Stellung einen festen und kräftigen Stand – nicht durch ihre Länge!

13. Halten Sie die Faust immer fest geschlossen (bei *Shuto-uke* die Hand unter fester Spannung) und in einer korrekten Haltung (nicht abgeknickt). Sie beugen auf diese Weise Verletzungen beim Auftreffen vor und kräftigen gleichzeitig Ihre Unterarmmuskulatur.

14. Suchen Sie sich aus der Vielzahl von Ratschlägen, Tips oder Trainerkorrekturen höchstens zwei Schwerpunkte aus, auf die Sie beim Üben besonders achten wollen. Wechseln Sie dann erst zur nächsten Aufgabe, wenn Sie die erste gelöst haben. Vielleicht kommen Sie im Moment scheinbar langsamer voran als andere, auf Dauer werden Sie aber die Nase vorn haben.

Stellungen

Von großer Bedeutung ist das Zusammenspiel von Stellung und Technik. Die verschiedenen Stellungen *(Dachi-waza)* bilden das Fundament, um Karatetechniken sicher und wirkungsvoll ausführen zu können. Die Anforderungen an die Stellungen sind vielfältig: Sie müssen dem Kämpfer die nötige **Stabilität** und das erforderliche Gleichgewicht geben, damit er sich sicher verteidigen und stark kontern kann; darüber hinaus sollen sie ein **flexibles Handeln** in alle Richtungen und ein schnelles Umschalten von Abwehr auf Angriff und umgekehrt ermöglichen.

Stellungen sichern aber nicht nur die eigene Position, sondern sie unterstützen je nach Situation auch die Körperbewegungen. So sind die Verlagerung des Körperschwerpunktes bei einer Abwehr oder einem Konter, das Hinaus- oder Hineingleiten oder die Überwindung einer großen Distanz zum Gegner hin oder von ihm weg auch von der Stellung und vom Stand abhängig. Art und Qualität einer Stellung werden von folgenden Kriterien bestimmt:

Fußstellung

Die Stellung der Füße zueinander bestimmt die Standfläche. Je größer diese ist, desto stabiler ist das Gleichgewicht. Dabei bedingen sich Stellungslänge und -breite. Je weiter die Füße in der Längsrichtung auseinanderstehen (Schrittstellung), desto schmaler wird die Stellung und umgekehrt.
Eine lange Stellung nimmt man ein, wenn man sich dem Gegner annähern oder weite Distanzen überbrücken will. Eine kurze Stellung wird im Nahkampf (»Infight«), in der Verteidigung oder bei Platzmangel bevorzugt. Je nach beabsichtigter Aktion muß ein Kompromiß zwischen der Länge und der Breite eingegangen werden. Breitere Stellungen sind stabiler und lassen ein Eindrehen der Hüfte besser

zu, öffnen aber den Körper auch stark für den Gegner. Schmale Stellungen bieten geringere Angriffsfläche und eine stärkere Hüftabdrehung, sind jedoch nicht so stabil. Welche Fußstellung oder Ausrichtung zum Gegner eingenommen wird, hängt also von der jeweiligen Kampfsituation, aber auch den eigenen Fähigkeiten und Absichten sowie den äußeren Bedingungen ab. Die drei Grundschulstellungen *Zenkutsu-dachi, Kokutsu-dachi* und *Kiba-dachi* sind ausgeprägte Vertreter der Vorwärts-, Rückwärts- und Seitwärts- (oder »Mitten«-)stellung. Sie dienen überwiegend der Einübung des jeweiligen »Stellungstyps«, so daß der Schüler ein Bewegungs- und Distanzgefühl aufbauen kann. In der »Realität« – im Freikampf und in der Selbstverteidigung – variieren diese Stellungen in der Ausführung erheblich.

Stand

Einer der wichtigsten Faktoren ist die Lage des Schwerpunktes. Es ist viel darüber geschrieben und diskutiert worden, wie hoch oder tief der Schwerpunkt liegen soll. In der Shotokan-Schule wird ein tiefer Stand gelehrt. Ein tiefer Schwerpunkt festigt sicherlich den Stand, kostet andererseits

- **Die Fußstellung** wird durch die Position der Füße zueinander, durch die Länge und Breite dieser Stellung sowie durch die Ausrichtung zum Gegner bestimmt.
- **Der Stand** ergibt sich aus der Lage des Körperschwerpunktes, der Verteilung des Körpergewichts auf beide Beine und dem Anspannungsgrad der Muskulatur (Muskeltonus).
- **Die Haltung** ergibt sich aus der Ausrichtung des Oberkörpers (Becken, Rumpf, Kopf).

aber viel Energie. Es wird damit argumentiert, daß durch die permanente Schulung in einem tiefen Stand die Beinmuskulatur so ausgebildet wird, daß sie später in einem höheren (und damit flexibleren) Stand beste Voraussetzungen für eine schnelle Kontraktion und große Endspannung bietet.

Beide Argumente – gute Standfestigkeit und Trainingseffekt – treffen jedoch nur bedingt zu. Die Tiefe des Schwerpunktes hängt ab vom Beugungsgrad in den Knie- und Fußgelenken sowie von der Länge der Stellung. Je mehr in den Kniegelenken gebeugt wird, um so mehr arbeiten die Antagonisten (Gegenspieler) dagegen. Dieser Effekt ist gerade für den Anfänger sehr leidvoll, da es sich um eine völlig unbekannte Beanspruchung handelt. Um dieser übermäßigen Spannung zu »entfliehen«, neigt der Körper dazu, entweder den Schwerpunkt wieder nach oben zu verlagern oder die Stellung zu verlängern, um in beiden Fällen den Beugungsgrad der (des) Knie(s) zu verkleinern. Auf diese Weise wird der Stand und damit auch die Stellung unbewußt verändert. Ein Nachteil eines zu tiefen Standes ist seine mangelhafte Flexibilität. Aus Sicht des Nahkampfes, bei dem nicht nur auf

der Stelle geschlagen oder getreten, sondern auch gehebelt, gegriffen, gezogen, gedrückt oder gar geworfen wird, mag ein weiter, tiefer und damit äußerst fester Stand durchaus berechtigt sein. In einem sehr dynamischen, variablen Kampf wie im heutigen *Kumite-shiai* ist ein tiefer Stand eher hinderlich.

Die alten Karate-Meister waren durchweg Pragmatiker. Sie entwickelten Techniken und Stände, die ein effektives Handeln garantierten. Das Absenken des Schwerpunktes und damit eine Verlängerung des Standes ist eine Entwicklung der »Neuzeit« des Karate, insbesondere des *Shotokan*-Karate. Andere Stilrichtungen betonen weniger die Tiefe eines Standes. Allen gemein ist jedoch die volle Anspannung der Skelettmuskulatur im Augenblick der Technikvollendung, sprich im Treffmoment. Im Gegensatz dazu sollte der Körper vor und während der Ausführung der Technik in einer Art »bereiten« Entspanntheit gehalten werden.

Ein weiteres Kriterium für die Stellung ist die Verteilung des Körpergewichtes auf den Beinen. Wird ein Angriff geplant oder ausgeführt, ruht das Gewicht mehr oder überwiegend auf dem vorderen Bein. In einer Abwehrsituation wird das Gewicht mehr auf das hin-

tere Bein verlagert. In den
meisten Stellungen liegt der
Schwerpunkt jedoch ausgegli-
chen zwischen den Füßen in
der Mitte. Bedauerlicherweise
werden diese Stellungen in der
Shotokan-Ausbildung (zumindest in der Unter- und Mittel-
stufe) stark vernachlässigt.

Haltung

Ohne eine korrekte Haltung
ist es nicht möglich, Karate-
Techniken richtig auszuführen.
Der Oberkörper – Becken und
Rumpf bilden stets eine Einheit – wird in der Grundstellung und in der Bewegung
gerade und senkrecht zum
Boden gehalten; würde er
nach vorn, hinten oder zur
Seite gebeugt beziehungs-
weise gekippt, wäre die Balance zu gering. Drei Stellungen
oder Haltungen des Oberkörpers sind möglich:

1. Frontalstellung *(Shomen):*
Die Schultern und die Hüfte
sind parallel zum Ziel. Diese
Stellung wird hauptsächlich bei
Angriffen eingenommen *(z.B.
Oi-tsuki, Gyaku-tsuki).*

2. Halbfrontale Stellung
(Hanmi): Der Oberkörper ist
um 45° ausgedreht. Diese
Haltung wird überwiegend
in Abwehren eingenommen
(z.B. *Soto-uke, Gedan-barai).*

Abb. 38

3. Seitwärtshaltung: Die
Schultern weisen senkrecht
zum Ziel (z.B. *Kiba-dachi).* Sie
wird bei Abwehr- und Angriffstechniken eingesetzt.
Stellung, Stand und Haltung
beeinflussen einander und wirken zusammen auf Gleichgewicht, Stabilität sowie Dynamik
einer Karate-Bewegung. Für
keines dieser Kriterien gibt es
aber eine exakte Norm, sie
variieren in (Frei-)Kampf- oder
gar Selbstverteidigungssitua-
tionen nach den jeweiligen
Erfordernissen. Wenn Stellungen in ihrer Grundform dennoch über Jahre hinweg
gelernt und geübt werden,
dann um ein Maximum an
Sicherheit, Flexibilität, Schnelligkeit und Stärke in den Aktionen zu erlangen.

Zenkutsu-dachi

Der *Zenkutsu-dachi*, auch Frontal- oder Vorwärtsstellung genannt *(sen* = vorwärts, nach vorn gerichtet), ist eine der Grundstellungen im Karate. In seiner Charakteristik ist er mit Schritten in vielen anderen Sportarten verwandt. Er gleicht weitestgehend dem Ausfallschritt im Fechten oder im Badminton beziehungsweise erinnert an den Stemmschritt in der Leichtathletik (Speerwurf) oder im Handball (Schlagwurf). All diese Schritte und Stellungen stimmen in ihren Merkmalen und Zielsetzungen überein: Sie sind in ihrer Kraftentfaltung und mit ihrer Dynamik nach vorn gerichtet; ihr Kraftimpuls entwickelt sich aus der Streckung des hinteren Beines und sie bremsen die Vorwärtsbeschleunigung des Körpers

Abb. 40

mit dem vorderen Bein ab und stabilisieren ihn gleichzeitig. Damit wird eine Hauptaufgabe des *Zenkutsu-dachi* deutlich: Er unterstützt eine Aktion, in der der Körperschwerpunkt (KSP) nach vorn zum Gegner hin eingesetzt wird – unabhängig davon, ob es sich um einen Angriff mit einem ganzen Schritt vorwärts handelt, um eine Aktion auf der Stelle oder um eine Verteidigung in der Rückwärtsbewegung. Gewicht und Schwerpunkt sind immer vorwärts zum Gegner hin gerichtet und überwiegend auf das vordere Bein verlagert. Der *Zenkutsu-dachi* eignet sich hervorragend zur Überbrückung großer Distanzen. Mit ihm lassen sich schnelle und überraschende Angriffe gegen einen Gegner ausführen, der weiter entfernt steht.

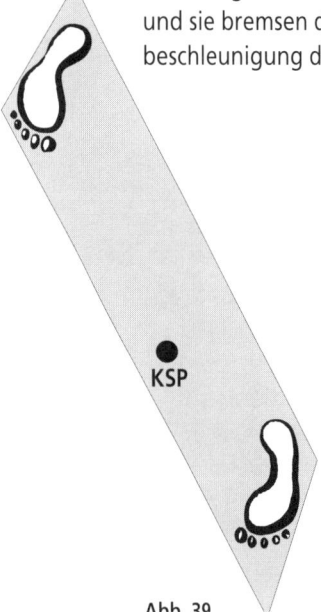

Abb. 39

Abb. 42

Das vordere Knie befindet sich genau über dem Fuß. Der Oberschenkel zeigt parallel zur Fußaußenkante nach vorn. Das hintere Knie ist nicht ganz durchgestreckt und wird nur bei einer Technik mit eingedrehter Hüfte im Moment des Treffens durchgedrückt, anschließend in der Ausgangsposition für die nächste Technik entspannt.

Abb. 41

Bewegungsausführung

Die Stellung ist höchstens schulterbreit, die Schrittlänge beträgt ungefähr doppelte Schulterbreite. Der hintere Fuß ist so weit wie möglich nach vorn eingedreht und liegt ganz auf dem Boden auf. Der vordere Fuß zeigt mit seiner Außenkante nach vorn (Abb. 40). Die Hüfte kann gerade eingedreht sein *(Shomen),* so daß der Bauchnabel nach vorne zeigt (Abb. 41), oder ist um circa 45° ausgedreht *(Hanmi, Abb. 42),* zum Beispiel bei einer Abwehr oder bei *Urakenuchi.*

Lern-Tips

- Versuchen Sie, den hinteren Fuß möglichst nach vorn einzudrehen.
- Halten Sie das hintere Knie bei einer Hüftausdrehung *(Hanmi)* elastisch, lassen Sie es ruhig der Rotationsbewegung folgen.
- Stehen Sie möglichst schulterbreit. Auf diese Weise können Sie die Hüfte gut ein- oder ausdrehen, ohne an Stabilität oder Distanz zu verlieren.
- Halten Sie Ihr hinteres Knie immer entspannt und leicht gebeugt. Ausnahme: beim Auftreffen einer Armtechnik, bei der die Hüfte eingedreht wird strecken Sie das hintere Bein völlig.
- Bringen Sie das vordere Knie über den vorderen Fuß. Beide zeigen gerade nach vorn.

Fortbewegungen in Zenkutsu-dachi

Alle vorgenannten Punkte gelten natürlich auch für die Fortbewegung in *Zenkutsu-dachi*. Im folgenden wird daher nur noch auf die Aspekte eingegangen, die zusätzlich beim Vor- oder Rückwärtsgehen beachtet werden müssen.

Abb. 44

Abb. 43

Das Vorwärtsgehen

Zur Verdeutlichung des Ablaufes läßt sich die gesamte Bewegung schematisch in drei Phasen einteilen:

Die *erste Phase* beginnt mit dem Abdruck der hinteren Ferse als Bewegungsimpuls und der daraus resultierenden Streckung des hinteren Knies. Der Schwerpunkt (Hüfte) wird dadurch weiter über den vorderen Fuß verlagert (Abb. 44).

Abb. 45

Abb. 46

Abb. 47

Gleichzeitig beginnt das vordere Bein eine Zugbewegung, mit der der hintere Fuß (= Spielbein) an den vorderen gebracht wird (Abb. 45). Sobald der Schwerpunkt völlig über dem vorderen Fuß liegt, geht in der *zweiten Phase* die Zugarbeit in eine Druckbewegung des vorderen Beines über: auch hier drückt die Ferse des Standbeines »in den Boden« und setzt diesen Impuls über die Kniestreckung fort in das Vorstoßen der Hüften und des Spielbeines (Abb. 46). In der *dritten Phase* endet die Bewegung mit dem Aufsetzen des vorderen Fußes und der Arretierung in Fuß-, Knie- und Hüftgelenken in der oben beschriebenen Haltung (Abb. 47).

Lern-Tips

- Führen Sie den *Zenkutsu-dachi* immer in einer fließenden Bewegung aus (ohne Pause zwischen den einzelnen Phasen).
- Drehen Sie den Fuß des Standbeines so spät wie möglich aus (kurz vor dem Absetzen). Mit einem vorzeitigen Umsetzen zu Beginn der Bewegung offenbaren Sie sonst Ihrem Gegner Ihre Absicht.
- Vermeiden Sie ebenso ein kurzes Zurücksetzen des vorderen Fußes zu Beginn der Bewegung, um so den Schwerpunkt leichter über den Standfuß zu bringen. Sie verlieren dadurch Zeit, der Überraschungsmoment geht verloren und die Distanz vergrößert sich.
- Starten Sie Hüft- und Beinbewegung synchron.
- Achten Sie darauf, daß sich Ihr Körperschwerpunkt während des ganzen Schrittes auf einer Höhe befindet.
- Fallen Sie nicht in die nächste Stellung hinein, sondern setzen Sie kontrolliert ab.

Das Rückwärtsgehen

Die Rückwärtsbewegung wird durch das Abdrücken des vorderen Beines eingeleitet. Gleichzeitig wird das hintere Knie stark gebeugt und die Hüfte zurückgezogen.

Abb. 48

Abb. 49

Lern-Tips

- Beugen Sie direkt zu Beginn der Rückwärtsbewegung stark Ihr hinteres Knie. Bringen Sie Ihren Schwerpunkt so schnell wie möglich über den hinteren Fuß (Abb. 49).
- Drehen Sie den Standfuß spätestens in der Absetzphase nach vorn.
- Fallen Sie nicht mit Ihrem Oberkörper nach vorn und drücken Sie das Gesäß nicht nach hinten weg.

Das vordere Knie und die Hüfte bewegen sich in Richtung hinterer Fuß. Sobald das vordere Bein (= Spielbein) das Standbein passiert hat, wird es nach hinten gestoßen. Der Schwerpunkt bleibt bis kurz vor dem Absetzen auf dem Standbein (Abb. 48–52).

Abb. 50

Abb. 52

Abb. 51

Kokutsu-dachi

Die Rückwärtsstellung *Koku-tsu-dachi* ist dem Charakter nach ein defensiver Stand *(ko = zurück, nach hinten)* und wird deshalb in erster Linie in Verteidigungssituationen eingenommen. Mit der Verlagerung des Oberkörpers und Schwerpunktes auf das hintere Bein kann man einem gegnerischen Angriff ausweichen. Obwohl die gesamte Standfläche kleiner ist als bei *Zenkutsu-dachi*, erhält die Stellung durch die starke Beugung des hinteren Beines und die starke Gewichtsverlagerung auf das hintere Bein (etwa 70 Prozent) eine gute Stabilität. Da das vordere Bein mit dem Körpergewicht geringer belastet ist, kann es zum Beispiel für Fußtritte leicht eingesetzt werden.

Abb. 54

Bewegungsausführung

Die Füße stehen in Schrittstellung etwa zwei Schulterbreiten auseinander auf einer Linie. Der vordere Fuß zeigt nach vorn, der hintere ist um 90° ausgedreht. Das hintere Bein ist im Knie- und Sprunggelenk stark gebeugt, das hintere Knie liegt in einem Lot über den Fuß (Abb. 54). Das vordere Knie ist nur leicht gebeugt und zeigt wie der vordere Fuß gerade nach vorn. Die Hüfte ist zu 45° in *Hanmi* abgedreht. Becken und Rumpf werden in einer Linie aufrecht gehalten (Abb. 56).

KSP

Abb. 53

Kokutsu-dachi ist besonders für den Anfänger eine stark beanspruchende Stellung. Wie bei *Kiba-dachi* werden die äußeren Sprunggelenksbänder des hinteren Fußes stark und auf ungewohnte Weise belastet. Da sie einerseits eine hervorragende Verteidigungsstellung darstellt, andererseits durch die starke Beugung des hinteren Beines eine optimale Vorspannung für einen schnellen Konter bietet, sollte sie intensiv geübt werden. Ein regelmäßiges Training in der korrekten Haltung kräftigt zudem die Beinmuskulatur und das Sprunggelenk (Abb. 55).

Abb. 55

Fortbewegung in Kokutsu-dachi

Das Vorwärtsgehen

Der Schwerpunkt wird mit der Streckung des hinteren Beines ganz auf das vordere Bein (= Standbein) verlagert. Anschließend wird der hintere Fuß an den vorderen herangezogen und in einer geraden Linie weiter nach vorne geführt (abgesetzt). Das Standbein bleibt in dieser ganzen Bewegung stark gebeugt. Standfuß und -bein werden in der Absetzphase 90° ausgedreht. Die hintere Hüfte wird mit dem Vorsetzen des Fußes synchron um 180° nach vorn gedreht, die ganze Hüfte bleibt währenddessen immer parallel zum Boden.

Abb. 56

Lern-Tips

- Schieben Sie beim Vorgehen in *Kokutsu-dachi* nicht die Hüfte nach vorn. Dies geschieht leicht bei schnellen Vorwärtsbewegungen. Halten Sie Rücken und Becken bewußt gerade, denn ein abgeknicktes Becken (vorgeschobene Hüfte; Abb. 58) führt zu starken Belastungen der Bandscheiben im Bereich der Lendenwirbelsäule.

Das Rückwärtsgehen

Der vordere Fuß wird nach hinten abgedrückt und bringt damit den Schwerpunkt vollständig auf das hintere Bein (Abb. 60). Nachdem er direkt an den Standfuß herangezogen wurde, wird er auf einer Linie hinter dem vorderen Fuß abgesetzt (Abb. 61 und 62). Er

ist bereits 90° ausgedreht. Der Schwerpunkt wird im Moment des Absetzens nach hinten verlagert, indem das hintere Knie stark gebeugt und ebenfalls um 90° nach außen gedreht wird. Die vordere Hüfte wird gleichzeitig um 180° nach hinten gedreht (Abb. 63).
Sowohl in der Vorwärts- wie in der Rückwärtsbewegung dreht sich die Hüfte synchron mit der Beinbewegung.

Abb. 57

Abb. 58

Abb. 59

Lern-Tips

■ Vermeiden Sie ein Einknicken oder Ausdrehen des vorderen Knies. Mit einem nach innen geneigten Knie verliert Ihre Stellung an Stabilität (Abb. 59). Zudem laufen Sie Gefahr, Ihre Kniegelenke durch diese Fehlbelastung zu schädigen.
■ Bringen Sie das hintere Knie über den hinteren Fuß, um ein Einknicken im Sprunggelenk zu vermeiden. Neben einer Destabilisierung der Stellung wäre ansonsten auch die Fehlbelastung für das Gelenk zu hoch, da das überwiegende Körpergewicht auf dem hinteren Fuß ruht.

Abb. 61

Abb. 60

Abb. 62

Abb. 63

Angelpunkt dieser Rotationsbewegung ist beim Vorwärtsgehen die vordere Hüftseite,
beim Rückwärtsgehen die hintere Hüftseite.

Kiba-dachi

Die Bezeichnung *Kiba-dachi* (*Ki* = Mitte, in der Mitte, zentriert) für die Seitwärtsstellung wird nur im *Shotokan*-Karate gebraucht. Ihr ursprünglicher und in anderen Stilen benutzter Name ist *Nai-hanchi-dachi*, benannt nach der *Shorei-kata Nai-hanchi*, die von Funakoshi in *Tekki* umbenannt wurde. Die Stellung ist auch nur im *Shotokan* üblich, die

Im sportlichen Wettkampf wird der *Kiba-dachi* kaum noch eingenommen, obwohl er eine äußerst kraftvolle und – in der

Abb. 65

entsprechenden Ausrichtung – sichere Kampfstellung ist. *Kiba-dachi* (und sein Pendant *Shiko-dachi*, Abb. 65) kommt in fast jeder Kata vor. Da er an die Sitzhaltung im Pferdesattel erinnert, wird er auch »Reiterstellung« genannt.

Abb. 64

anderen großen Stile wie *Goju-ryu* oder *Shito-ryu* bevorzugen die Form *Shiko-dachi.* Beide Stellungen unterscheiden sich geringfügig in der Fuß- und Kniestellung.
Obwohl *Kiba-dachi* von den hier besprochenen drei Grundstellungen die kleinste Standfläche besitzt, eignet er sich nicht nur zum Seitwärtskämpfen (vor allem mit *Yoko-geri*), sondern zusätzlich zur Abwehr von Angriffen, die von schräg vorn kommen, oder für kurze Konter wie Ellbogenstöße (*Empi*), kurze Fauststöße (*Tate-, Kake-* oder *Ura-tsuki*) oder Faustschläge (*Uraken*).

Abb. 66

Abb. 67

Bewegungsausführung

Die Füße stehen parallel etwa in doppelter Schulterbreite auseinander, die Fersen befinden sich auf einer Linie, die Knie sind über die Füße gebeugt. Der Schwerpunkt befindet sich genau in der Mitte der beiden Beine. Der Oberkörper ist aufrecht, der Unterbauch wird durch Kontraktion der Bauch- und Gesäßmuskeln nach vorne gedrückt, so daß ein Hohlkreuz vermieden wird (Abb. 66 und 67).

Fortbewegung in Kiba-dachi

Im Grundschultraining erfolgt die Fortbewegung in *Kiba-dachi* üblicherweise mit einem seitlichen Übersetzschritt, im Fortgeschrittenenstadium auch mit einem ganzen Umsetzen um 180°.

Abb. 68

Der Übersetzschritt

Der hintere Fuß kreuzt knapp
vor dem vorderen Fuß und
setzt neben diesem auf. Jetzt
wechselt der Schwerpunkt auf
das übergesetzte Bein, das zum
Standbein wird. Anschließend
wird der andere Fuß auf einer
geraden Linie seitlich abgesetzt (Abb. 68–71).

Abb. 69

Das Übersetzen resultiert weniger aus dem Abdrücken des
hinteren Fußes, sondern durch
das Ziehen mit dem vorderen
Bein, das die Hüfte und damit
den Schwerpunkt ganz über
den Standfuß bringt. Dadurch
wird ein Auf- und Abwippen
des Körpers verhindert. Im weiteren Verlauf wird die Hüfte
(Schwerpunkt) mit dem Absetzen in Bewegungsrichtung hineingestoßen.

Der Übersetzschritt dient
hauptsächlich dazu, sich dem
Gegner aus einem größeren
Abstand zu nähern, und

Abb. 70

Abb. 71

erlaubt es gleichzeitig, das
Bein in die Ausgangsposition
für einen Tritt (Hiki-ashi) zu
bringen. In der Rückwärtsbewegung kann man sich dagegen mit einem langen Schritt
schnell und gezielt aus der
Angriffszone des Gegners bringen und dabei gleichzeitig
effektiv blocken (Gedan-barai,
Tate-Shuto-uke).

Abb. 72

Abb. 74

Abb. 73

Das Umsetzen

In der Vorwärtsbewegung wird der hintere Fuß in einer möglichst geraden Bahn, die eng am vorderen Bein vorbeiläuft, nach vorn gesetzt. Dabei drehen sich Standfuß und Hüfte um etwa 180° (Abb. 72–76). Die Rückwärtsbewegung verläuft entsprechend umgekehrt.

Abb. 75

Abb. 76

Das Umsetzen sollte häufig und auch aus anderen Stellungen heraus geübt werden. Durch die weite Hüfteindrehung hat der Oberkörper soviel Schwung, daß eine Abwehrbewegung (z.B. *Soto-uke*) eine sehr gute Beschleunigung erhält. In der Vorwärtsbewegung lassen sich mit diesem Umsetzen kurze Techniken wie *Mawashi-empi,* aber auch Fußtritte wie *Yoko-geri kekomi* oder *Mawashi-geri* zusätzlich stark beschleunigen.

Lern-Tips

- **Halten Sie Ihre Füße parallel, die Knie nach vorn gerichtet. Bauen Sie eine feste Spannung in Ihrem Unterkörper auf, indem Sie den Druck beim Stand auf die ganzen Fußsohlen verteilen, nicht nur auf die Fußaußen- oder Innenkanten (Abb. 77).**
- **Drücken Sie das Becken nach vorn und vermeiden Sie ein Hohlkreuz.**
- **Bleiben Sie beim Übersetzen auf einer Höhe, wippen Sie nicht auf und ab.**
- **Kontrollieren Sie die Breite der Stellung. Setzen Sie die Füße nicht zu weit auseinander, nur um tief zu stehen.**
- **Kippen Sie nicht mit dem Oberkörper nach vorn (Abb. 78).**

Abb. 77

Abb. 78

Angriffstechniken mit dem Arm

Die Angriffstechniken mit den Armen *(Joshi-waza)* lassen sich in zwei Kategorien einteilen: in Stöße und in Schläge. Als **Stöße** werden jene Techniken definiert, deren Auftreffrichtung auf der (verlängerten) Längsachse des Unterarmes liegt (Abb. 79). Ein Stoß setzt also nicht unbedingt – wie oft behauptet wird – eine gerade Bewegungsbahn voraus. Dementsprechend gehören alle anderen Angriffstechniken mit den Armen zu den **Schlägen** *(Uchi).* Schläge und Stöße lassen sich ein- oder beidarmig mit der offenen Hand, der Faust oder dem Ellbogen ausführen.

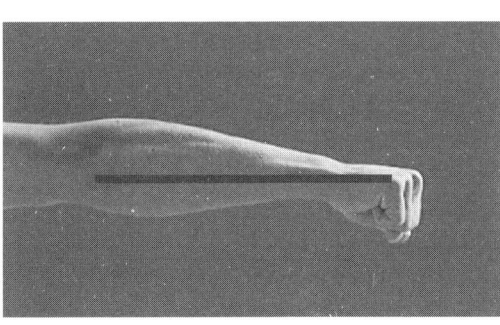

Abb. 79

Am häufigsten wird im heutigen Sportkarate der gerade, gestreckte Fauststoß *(Tsuki)* angewendet. Er eignet sich hervorragend für blitzschnelle, ansatzlose Angriffe auf mittlere oder lange Distanz. Grundtechnik für diese Fauststöße ist der *Choku-tsuki,* bei dem der Arm gestreckt und die Faust um 180° gedreht wird. Wird *Choku-tsuki* mit der gleichen Seite gestoßen, mit der vorgegangen wird, nennt man die Technik *Oi-tsuki;* wird mit der dem vorderen Bein gegenüberliegenden Seite gestoßen, heißt die Technik *Gyaku-tsuki.* Die übliche Trefffläche für *Tsuki ist Seiken,* die beiden Knöchel des Zeige- und Mittelfingergrundgelenkes (Abb. 80).

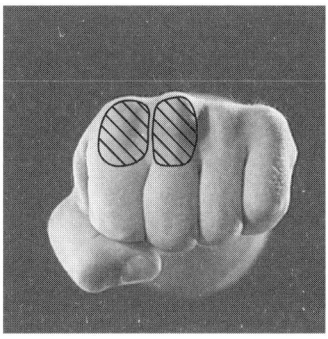

Abb. 80

Im *Dan-tsuki* wird ein Fauststoß mehrmals mit der gleichen Seite gestoßen. Bei *Rentsuki* erfolgen die Fauststöße abwechselnd links, rechts. Der geläufigste *Ren-tsuki* ist der Dreifachfauststoß *Sanren-* oder auch *Sanbon-tsuki (San = drei),* zum Beispiel als Rechts-links-rechts-Kombination.

Choku-tsuki

Mit *Choku-tsuki,* dem geraden, gestreckten Fauststoß, erlernt der Schüler seine erste Angriffstechnik im Karate. Wenngleich sie im ersten Augenschein als relativ leicht erscheint, so ist es dennoch von größter Wichtigkeit, die Technik absolut korrekt und sicher zu erlernen und zu beherrschen. *Choku-tsuki* bildet sozusagen die Grundlage für die dynamischen Formen *Oi-tsuki* und *Gyaku-tsuki,* jenen zwei Fauststößen, die den Karateka sein Übungsle-

ben lang begleiten. Deshalb sollte auch im fortgeschrittenen Stadium immer wieder *Choku-tsuki* geübt werden. Darüber hinaus stellt er einen kraftvollen und wirksamen Konter dar. Er wird in vielen Katas ausgeführt, häufig in der natürlichen Stellung *Hachiji-dachi* und in der »Reiterstellung« *Kiba-dachi.* Die Treffläche ist *Seiken* – die beiden Knöchel der Zeige- und Mittelfingergrundgelenke. Ziele sind in *Chudan* der Solarplexus, in *Jodan* das Kinn.

Abb. 81

Bewegungsausführung

In der Ausgangsstellung befindet sich die Stoßfaust an der Rumpfseite zwischen Achsel und Gürtel *(Hikite).* Ihr Handrücken zeigt nach unten, der Ellbogen gerade nach hinten. Ellbogen und Faust befinden sich auf einer Höhe. Die andere Faust ist vor den Solarplexus gestreckt, Ihr Handrücken zeigt nach oben (Abb. 81).

Lern-Tips

- Stoßen Sie Ihre Faust auf einer geraden Bahn und führen Sie dabei Ihren Unterarm dicht am Körper entlang.
- Vermeiden Sie das Ausdrehen der Ellbogen (Abb. 85). Stellen Sie sich vor, daß der Ellbogen die Faust nach vorne stößt. Das gleiche gilt für den zurückziehenden Arm. Hier »zieht« der Ellbogen an den Körper zurück.
- Drehen Sie beide Fäuste erst kurz vor Bewegungsende (Abb. 83 und 84).
- Bringen Sie beim Stoß die Schulter nicht vor oder ziehen Sie sie nicht an (Abb. 86). Halten Sie sie gerade und locker.
- Bewegen Sie beide Arme synchron.

Abb. 85

Abb. 83

Abb. 82

Beide Fäuste folgen während des Stoßes einer geraden Bahn – die vorstoßende Faust von der Ausgangsposition direkt ins Ziel, die zurückziehende zur Rumpfseite (Abb. 82 und 83). Dieses Vorstoßen und Zurück-

ziehen erfolgt synchron. In der Endphase der Bewegung drehen sich beide Fäuste 180° um ihre Längsachse, so daß der vordere Handrücken nach oben, der hintere nach unten zeigt (Abb. 84). Gleichzeitig werden die Brustmuskel stark angespannt und arretieren beide Arme in der Endhaltung.

Abb. 84

Abb. 86

*Ü*bungshinweise

Variieren Sie Ihre *Choku-tsuki*-Übungen, sobald Sie die Bewegung einigermaßen sicher beherrschen:

■ Stoßen Sie mit beiden Armen gleichzeitig.
■ Stoßen Sie nur mit einem Arm, der andere bleibt an der Hüfte.
■ Führen Sie den *Choku-tsuki* bewußt asynchron aus: also zuerst stoßen, dann den anderen Arm zurückziehen und umgekehrt.

Um Fehler zu vermeiden, kehren Sie immer wieder zum korrekten Ablauf zurück.

Oi-tsuki

Der *Oi-tsuki* besitzt die gleichen Merkmale wie der *Choku-tsuki,* allerdings in Verbindung mit einer Vorwärtsbewegung, meist in *Zenkutsu-dachi.* Es wird mit der gleichen Seite gestoßen, mit der vorgegangen wird (Abb. 87–92).

Abb. 87

Abb. 88

Aus diesem Schritt schöpft der Fauststoß die Explosivität und Kraft. Es wirkt also nicht nur die reine Beschleunigung der Faust, sondern zusätzlich der Schwung der ganzen Körpermasse, die sich im Schritt nach vorn bewegt.

Ein weiterer Vorteil des *Oi-tsuki* ist seine große Reichweite, mit der man noch einen Gegner erreicht, der sich von einem wegbewegt oder weiter entfernt steht.

Lern-Tips

- Beachten Sie stets, daß die Vorwärtsbewegungen von Bein, Hüfte/Oberkörper und Arm gleichzeitig erfolgen.
- Vermeiden Sie ein Schwungholen zu Beginn der Vorwärtsbewegung, indem Sie mit dem Oberkörper kurz nach hinten »wippen«.
- Nehmen Sie die Schulter des stoßenden Armes nicht mit nach vorn, sondern halten Sie die Schultern gerade.

Abb. 89

Abb. 91

Abb. 90

Für den *Oi-tsuki* als Kombination aus *Choku-tsuki* und dem Vorwärtsschritt in *Zenkutsu-dachi* gelten auch deren Kriterien und Lerntips.

Die lange Stellung des *Zenkutsu-dachi* sichert einen festen Stand, ohne den das schockartige Abstoppen und Arretieren der ganzen Bewegung im Treffmoment nicht möglich wäre (Abb. 92).

Abb. 92

Gyaku-tsuki

Abb. 93

Abb. 94

Der *Gyaku-tsuki* gehört im klassischen wie im sportlichen Karate zu den häufigsten und erfolgreichsten Fausttechniken. Der Begriff *Gyaku* läßt sich nur schwer übersetzen. Im Karate wird er Technikbezeichnungen vorangestellt, wenn damit die eigene Körpergegenseite gemeint ist. Das heißt also, daß eine *Gyaku*-Armtechnik mit der Seite ausgeführt wird, die dem vorne stehenden Bein gegenüberliegt. So stößt zum Beispiel der linke Arm, wenn sich das rechte Bein vorn befindet. Dies kann im Stand, aus dem Umsetzen heraus (beispielsweise aus *Kokutsu-dachi* in *Zenkutsu-dachi)* oder in der Vorwärtsbewegung erfolgen. Seiner klassischen Charakteristik nach ist der *Gyaku-tsuki* eine defensive Technik: er wird – als direkter Gegenangriff – auf der Stelle in den Angriff des Gegners hineingestoßen (Abb. 93) oder folgt unmittelbar nach einer Abwehr als Konter. Im sportlichen Karate wird der *Gyaku-tsuki* auch als Angriffstechnik eingesetzt, entweder allein oder in Kombination mit anderen Angriffstechniken.

Abb. 95

Abb. 96

Bewegungsausführung

Bei der Ausführung im Stand ist die Hüfte zu etwa 45° ausgedreht *(Hanmi)*. Das hintere Bein ist im Kniegelenk leicht gebeugt (Abb. 95 und 96). Der erste Bewegungsimpuls erfolgt mit dem Strecken des hinteren Beines und dem gleichzeitigen Eindrehen der Hüfte nach vorn. Drehpunkt ist dabei das vordere Hüftgelenk. Noch während der Hüfteindrehung startet die hintere Faust zum Stoß und die vordere Faust wird schnell zurückgezogen (Abb. 97 und 98).

Abb. 98

Seine Dynamik und Stärke erhält der *Gyaku-tsuki* aus dem Strecken des hinteren Beines und dem Eindrehen der Hüfte in Richtung des Stoßes. Die Armbewegung ist die gleiche wie bei *Choku-tsuki* (siehe Seite 68 f.).

Abb. 97

Synchron enden diese drei Bewegungen. Dabei arretiert die Hüfte etwas weiter eingedreht als in der normalen Frontalstellung (Abb. 99 und 100). Wird der *Gyaku-tsuki* beim Umsetzen oder im Vorwärtsgehen ausgeführt, so muß zuerst der vordere Fuß den Boden berühren. Der Schwerpunkt befindet sich dabei noch auf dem hinteren Bein. Erst mit der Streckung des hinteren Beines und dem Eindrehen der Hüfte wird auch der Schwerpunkt auf das vordere Bein verlagert. Der hintere Fuß wird dabei fest »in den Boden« gedrückt.

Abb. 99

Abb. 100

Abb. 101

Lern-Tips

■ Drehen Sie die Hüfte stark und synchron (!) mit dem Fauststoß ein. Der Drehpunkt ist die vordere Hüftseite.

■ Arretieren Sie die Hüftrotation und die Armbewegung rechtzeitig, sonst »trudelt« der Fauststoß aus und bleibt wirkungslos (Abb. 101).

■ Ihr Becken darf während oder nach dem Eindrehen nicht abknicken.

■ Drücken Sie zu Beginn der Bewegung Ihre hintere Ferse fest in den Boden. Heben Sie sie nicht an.

■ Ziehen Sie den anderen Arm schnell und stark zurück.

Abwehrtechniken mit dem Arm

Ursprünglich wurden zur Abwehr von Schlägen und Tritten Arm- und Beintechniken entwickelt. Abwehren mit den Beinen erfordert jedoch ein Höchstmaß an Geschicklichkeit und Können sowie blitzschnelle Entscheidungsfähigkeit. Da Karate seit jeher in erster Linie eine Verteidigungskunst war, bildeten sich auch unterschiedliche »Philosophien«, wie man am besten abwehrt. Überwiegend weicht man Angriffen aus oder man versucht, diese abzuleiten. In seltenen Fällen wird direkt in einen Angriff hineingegangen, um die Bewegung zu stoppen oder gar im Keime zu ersticken.

Das Ablenken eines Angriffs kann auf unterschiedlichste Weise erfolgen. Gerade hier unterscheiden sich die Stilrichtungen. So legt zum Beispiel das *Goju-ryu*-Karate Wert auf Ausweichbewegungen mit »weichen Fegetechniken«. Der Grundgedanke im *Shotokan* hingegen ist, einen Angriff so hart zu blocken und zu zerstören, daß dem Gegner keine weitere Möglichkeit zum Angreifen bleibt oder ihm der Wille gebrochen wird, einen weiteren Versuch zu starten. Eine Form, die sich auch in den Bezeichnungen der einzelnen Techniken wiederfindet, ist die Abwehr mit dem Unterarm – *Ude-uke*. Oft und auch hier im Buch wird der Einfachheit halber der Begriff *Ude* (Unterarm) weggelassen. Die hier vorgestellten Abwehrgrundtechniken lassen sich in Ausholphase, Beschleunigungsphase und Blockphase unterteilen.

Die Ausholphase

Das Ausholen bewirkt eine Vorspannung in den Antagonisten (muskuläre »Gegenspieler«), deren Energie für die eigentliche Beschleunigung des Armes genutzt wird. Deshalb darf niemals der Arm im Endpunkt des Ausholens verharren. Ausholen und Beschleunigen müssen in einer Bewegung – ohne Unterbrechung – ausgeführt werden.

Die Beschleunigungsphase

In der Beschleunigungs- und Blockphase wird die Hüfte synchron ausgedreht und dynamisiert somit die Abwehrbewegung. Der erste Impuls kommt aus der Schultermuskulatur, die den Oberarm und damit zunächst den ganzen Arm beschleunigt. Mit der Arretierung des Oberarmes in seiner Endstellung schnappt der Unterarm heraus (Ausnahme: *Soto-uke),* die Blockphase wird eingeleitet.

Die Blockphase

Der Unterarm dreht erst mit
der Kontaktaufnahme zum
angreifenden Arm oder Bein.
Ein zu frühes Ein- oder Ausdrehen verwirkt den Peitscheneffekt. Die Arretierung der
gesamten Bewegung erfolgt
in der Blockphase.

Abb. 102

Übungshinweise

Achten Sie beim Partnertraining darauf,
daß Sie rechtzeitig blocken, das heißt, den
Angriff noch in dessen Bewegung ablenken. Dies erfordert vom Verteidiger genaues Timing, vom Angreifer jedoch auch eine
realistische Distanz. Das Blocken eines
gestreckten Armes (z.B. bei *Oi-tsuki*) führt
zu einem falschen Abwehrverhalten. For-
dern Sie in einem solchen Fall Ihren Partner
zu einem konsequenteren Angriffsverhal-
ten auf.
Zielregion für den *Chudan*-Angriff ist der
Solarplexus und die Brust. Ein tieferer
Angriff kann von den hier vorgestellten
Abwehrtechniken nur mit Gedan-barai ver-
nünftig geblockt werden. Alle anderen
Techniken würden zu einer unkorrekten
Ausführung zwingen.

Abb. 103

Lern-Tips

- Führen Sie die Abwehr nicht weiter als
  bis zu Ihrer Körpergrenze aus.
- Vermeiden Sie jegliche Unterbrechung
  des Bewegungsablaufes. Achten Sie vor
  allem darauf, daß der Übergang von der
  Aushol- in die Beschleunigungsphase
  ohne Stocken erfolgt.
- Setzen Sie mit dem Hüfteinsatz (der
  Rotation des Oberkörpers) erst in der
  Beschleunigungsphase ein. Spannen Sie
  Ihren ganzen Körper erst in der Block-
  phase an.
- Werfen Sie nicht Ihren Oberkörper oder
  die Schulter mit in die Abwehr. Halten
  Sie die Schultern gerade.

Age-uke

Mit *Age-uke* werden Angriffe
zum Kopf abgewehrt. Der
Block wird in einer aufsteigenden Bewegung des abwehrenden Armes ausgeführt *(Age =
aufsteigend, nach oben).* Ist
der Angriff zum Beispiel ein
gerader Fauststoß, wird er
über den Kopf weggeleitet. Ein
von oben nach unten geführ-
ter Schlag zum Kopf wird
direkt hart geblockt.

Abb. 104

Abb. 105

Abb. 106

Abb. 107

Bewegungsausführung

Die Faust des abwehrenden
Armes startet von der Aus-
gangshaltung an der Rumpfseite *(Hikite)* in einer direkten
diagonalen Bewegung nach
oben (Handinnenfläche zeigt
zum Körper). In Stirnhöhe
arretiert die Faust und bildet
den Drehpunkt für den nach
oben schnappenden Ellbogen.
Gleichzeitig dreht der Unterarm aus (Abb. 104 –108).

Die Endposition des Unterarmes deckt den oberen Stirn-
und Kopfbereich ab, die Faust
befindet sich etwas höher
als der Ellbogen. Die Handaußenkante zeigt nach oben.
Die Entfernung zum Kopf sollte nicht mehr als zwei Faust-
breiten betragen.
Im Gegensatz zu den anderen
Grundabwehrtechniken erfolgt
beim *Age-uke* keine Ausholbewegung des abwehrenden

Abb. 108

Armes, sondern er startet direkt von der Rumpfseite aus. Der andere Arm wird zuerst vorgestreckt, um während des Blockens stark zurückgezogen zu werden und damit den Block zu unterstützen (Abb. 105). Dieses »Ausholen« kann mit geschlossener oder geöffneter Hand erfolgen, wobei der Arm leicht gebeugt nach vorne gehoben wird. Während der Abwehrbewegung kreuzen sich die Arme ungefähr in Kinnhöhe, der abwehrende Arm ist außen (Abb. 106). Der Ellbogen des aufsteigenden Armes wird bis zum Kreuzen der Arme dicht am Körper entlang geführt, der Ellbogen des zurückziehenden Armes in möglichst direkter Linie zum Körper gezogen.

Age-uke kann in allen Grundstellungen ausgeführt werden. Das Abdrehen der Hüfte in *Zenkutsu-dachi* zu *Hanmi* gleicht mehr einem Hineinstoßen. Somit erhält die Abwehr zusätzlich Kraft und Beschleunigung. Anders als beispielsweise bei der Abwehr mit *Soto-uke,* bei der die Hüftrotation die ablenkende Bewegung von außen nach innen unterstützt, wirkt sie hier nach vorn in Richtung Gegner.

Trefffläche ist die untere Hälfte des Unterarmes im muskulösen Bereich der Unterarminnenseite. Der erste Moment des Kontaktes mit dem angreifenden Arm liegt unmittelbar vor der Ausdrehung der Faust. Die Unterarmaußenseite zeigt erst mit Ende des Blockvorgangs (und nicht schon zu Beginn des Blocks oder gar davor) nach oben. Ein Blocken mit der Unterarmaußenseite (Elle) ist – vor allem für Anfänger – nicht nur schmerzhaft, da die Elle auf dieser Seite kaum von Muskeln geschützt ist, sondern verleitet auch zu einer reinen Hebebewegung des Unterarmes. Das Herausschnellen des Ellbogens wird so verhindert, ein Großteil der Bewegungsenergie nicht genutzt.

Abb. 109

Abb. 110

Abb. 112

Abb. 111

Wird *Age-uke* aus einer Fortbewegung heraus ausgeführt,
muß man auf ein rechtzeitiges
Hochführen des Abwehrarmes
achten. Kurz vor Aufsetzen des
Spielbeines sollten sich die
Arme bereits gekreuzt haben,
mit dem Absetzen und der
letzten Phase der Hüfteindrehung erfolgt die Arretierung
der Technik (Abb. 111
und 112).

Abb. 113

Varianten: Im Grundschultraining wird der *Age-uke* als Abwehr gegen *Tsuki jodan* eingesetzt. In der Regel erfolgen die Angriffe direkt von vorn, bei der Abwehr wird entweder gerade zurückgesetzt oder -gegangen. Der angreifende Arm wird somit auf seiner Bewegungslinie über den Kopf hinweg geleitet. Eine Variation besteht darin, nicht gerade nach hinten auszuweichen, sondern schräg zu der Seite. Wird man beispielsweise mit einem linken *Oi-tsuki jodan* gerade von vorn angegriffen, weicht man mit dem rechten Bein hinten schräg rechts – ungefähr 45° – aus und blockt links *Age-uke* (Abb. 114).

Dabei wird der abwehrende Arm im Moment des Blocks im Schultergelenk leicht nach außen gedreht. Der Angriff wird also weniger nach oben abgelenkt, sondern – verstärkt durch die Ausweichbewegung – zusätzlich nach außen »weggedrückt«.
Der *Age-uke* läßt sich auch als Konter oder als Angriffstechnik einsetzen. Aus der Abwehr wird ein Ellbogenstoß (*Hiji-ate* oder *Empi*) gegen Hals, Kinn oder Oberlippe eingesetzt. Der ausholende Arm wehrt hierbei einen Angriff ab und ergreift den Gegner (Abb. 115 und 116).

Abb. 114

Lern-Tips

■ Stoßen Sie in der Anfangsphase der Bewegung den abwehrenden Arm diagonal nach oben. Wenn Sie den Arm lediglich nach oben »hebeln«, fehlt Ihnen genügend Kraft, um einen starken Angriff über den Kopf weg zu lenken.
■ Achten Sie auf das Hochschnellen des Ellbogens im Moment der Abwehr. Damit leiten Sie den Angriff mit einer starken Bewegung über Ihren Kopf hinweg.

Abb. 115

Abb. 116

Soto-uke

In *Soto-uke* wird der abwehrende Unterarm von außen nach innen geführt. Er kann gegen zahlreiche Angriffe eingesetzt werden. In der *Jodan*-Ausführung deckt er den Bereich Kopf, Hals und Schultergürtel ab, in der *Chudan*-Ausführung die Brust bis hin zum Solarplexus. Der Anfänger erlernt ihn in der *Chudan*-Ausführung gegen Fauststöße und Tritte *(Mawashi-geri chudan, Yoko-geri kekomi chudan)* zur Brust und gegen den Solarplexus.

Bewegungsausführung

Der abwehrende Arm holt in einer direkten Bewegung neben dem Ohr aus. Der Ellbogen befindet sich auf Schulterhöhe, Oberarm und Unterarm in einem annähernd rechten Winkel zueinander. Die Faust ist ganz ausgedreht (proniert). Der andere Arm wird gleichzeitig gerade vor den Solarplexus gestreckt (Abb. 117).

Abb. 117

Ohne seine Haltung zu verändern, wird der abwehrende Arm aus dem Schultergelenk heraus nach vorne-unten geführt (Abb. 118). Gleichzeitig dreht die Hüfte in die gleiche Richtung ab und der andere Arm wird zurückgezogen. Die Bewegung endet vor dem Körper. In der Endhaltung befindet sich die Faust auf Schulterhöhe und der Ellbogen etwa eine Faustbreite vom Beckenrand entfernt (Abb.119).

Abb. 118

Abb. 119

Im Moment des Blockens wird die Faust scharf eingedreht (die Handfläche zeigt zum Körper) und der ganze Körper angespannt.
Trefffläche im Moment des Kontaktes ist die Handflächenseite des Unterarmes, in der Endposition die Kleinfingerseite. Der Block endet mit dem Eindrehen des Unterarmes und der Arretierung.

Übungshinweise

Wird *Soto-uke* im Partnertraining gegen *Tsuki chudan* geübt, sollte der Angreifer den Fauststoß exakt auf Brusthöhe oder auf Höhe des Solarplexus ausführen. Ein Stoß zum Bauch – wie er häufig im Anfängertraining ausgeführt wird – kann mit *Soto-uke* nicht sauber geblockt werden. Der Angriff ist häufig zu tief für *Soto-uke*, und der Verteidiger ist gezwungen, entweder schmerzhaft (für beide!) mit dem Ellbogen zu blocken oder die Schulter hinunterzuziehen beziehungsweise eine falsche Armhaltung anzuwenden.

Abb. 120

Abb. 121

Abb. 122

Varianten: In der Regel wird *Soto-uke* gegen gerade von vorn ausgeführte Angriffe (z.B. *Tsuki)* eingesetzt. Er kann in dem Falle »weich« (ablenkend) oder aber auch »hart« (stark abblockend) ausgeführt werden. Grundsätzlich sollte man der »weichen« Variante immer den Vorzug geben. Manchmal reicht aber eine ab- und wegleitende Bewegung nicht aus. Bei starken Angriffen wie *Mawashi-geri* oder *Yoko-geri* muß nicht nur der Armblock stark und fest erfolgen, sondern auch der Stand absolut sicher sein. Ein ungenügender Hüfteinsatz würde die ganze Aktion zunichte machen.

Abb. 123

Abb. 125

Abb. 124

Abb. 126

Lern-Tips

- Beugen Sie den Abwehrarm beim Ausholen oder während des Blockens nicht zu stark an. Der Winkel von Unter- zu Oberarm sollte annähernd rechtwinklig sein (Abb. 126).
- Führen Sie den Oberarm nicht zu eng an den Körper, die Abwehr ist sonst zu schwach (Abb. 125).
- »Hauen« Sie die Abwehr nicht einfach nach unten (Abb. 127), sondern »führen« Sie Ihren Arm. Denken Sie daran: *Soto-uke* blockt zwar hart, aber er lenkt in erster Linie von Ihrem Körper weg.
- Ziehen Sie den anderen Arm in einer geraden Linie zurück.

Abb. 127

Uchi-uke

Bei *Uchi-uke* wehrt der Unterarm von der Körperinnenseite nach außen ab. Er kann sowohl gegen Angriffe zum Kopf wie auch gegen den oberen *Chudan*-Bereich (Brust) eingesetzt werden.

Bewegungsausführung
Der abwehrende Arm holt an der gegenüberliegenden Körperseite unterhalb des anderen Armes aus. Die Faust befindet sich zwischen Achselhöhle und Gürtel, die Handfläche zeigt nach unten. Der andere Arm wird leicht gebeugt vor den Körper gebracht (Abb. 128).

Abb. 128

Lern-Tips

- Drehen Sie den Unterarm erst dann schnell aus, wenn der Oberarm seine Endhaltung (Körperflanke) erreicht hat. Vermeiden Sie ein gleichzeitiges »Herausschwingen« des ganzen Armes. Die Abwehr erhält so nicht die nötige Beschleunigung und Kraft.
- Achten Sie darauf, daß der abwehrende Arm nicht über Ihre Körpergrenze hinausgeführt wird.
- Führen Sie den Oberarm nicht zu dicht am Körper und halten Sie den korrekten Winkel von Unter- zu Oberarm ein.
- Leiten Sie die Hüftrotation erst mit der Beschleunigungsphase ein (nicht vorher!).

Abb. 129

Abb. 130

Die Abwehrbewegung wird eingeleitet durch das scharfe, kurze Herausstoßen des Oberarmes zur Körperaußenseite. Sobald der Oberarm die Körpergrenze erreicht hat, rastet er schockartig ein, und der Unterarm wird peitschenartig herausgeschleudert (Abb. 129 und 130). Der Ellbogen dient als Drehpunkt. Gleichzeitig dreht sich der Unterarm ein. Im Moment der Arretierung befindet sich der Unterarm genau vor dem Oberarm, beide haben einen Winkel von circa 90° zueinander. Wie bei *Soto-uke* befindet sich die Faust bei *Chudan*-Abwehr in Schulterhöhe, der Ellbogen gute Faustbreite vom Körper entfernt.

Abb. 131

Trefffläche des ersten Kontaktes ist die Handrückenseite des Unterarmes. Die Hüfte ist zu Beginn der Ausholbewegung nach vorne eingedreht *(Shomen)* und wird mit dem Zurückziehen des anderen Armes schnell und kraftvoll ausgedreht. Der blockende Arm wird unter dem zurückziehenden geführt (Abb. 134–136).

Abb. 132

Abb. 133

Abb. 135

Abb. 134

Wichtig: Alle beschriebenen
Einzelphasen müssen als eine
Technik betrachtet werden.
Das bedeutet, die Abfolge Aus-
holen, Herausstoßen des Ober-
armes, Herausschleudern des
Unterarmes, Eindrehen der
Faust mit Kontakt und schließ-
lich die Arretierung erfolgt
fließend.

Abb. 136

Shuto-uke

Man kann die Handkantenab-
wehr *Shuto-uke* durchaus als
eine der härtesten, aber auch
anspruchsvollsten Techniken im
Karate bezeichnen. Der augen-
fälligste Unterschied zu den
anderen hier im Buch besprochenen Techniken sind die
offenen Hände sowie das *Hikite* des zurückziehenden Armes,
das nicht zur Körperseite ausgeführt wird, sondern vor dem
Solarplexus endet (Abb. 137).

Abb. 137

Ihren Namen erhielt die Technik von der Handhaltung.
Shuto bedeutet unter anderem
»Schwert« oder »Klinge«. Wie
ein Schwert, also eine Waffe,
sollen Hand und Unterarm eingesetzt werden, um einen gegnerischen Angriff zu treffen.
Wenngleich *Shuto-uke* erst in
den neueren Stilrichtungen
(vor allem im *Shotokan* und
Wado-ryu) seine harte,
blockende Form erhalten hat,
so hat die Abwehr doch eine

lange Tradition. In früherer
Zeit – und in manchen Stilrichtungen noch heute – diente sie
weniger dem harten Heraus-
blocken (Armbrechen!) als vielmehr dem Wegleiten und
sofortigen Fassen.
Zur Beherrschung der Technik
sind ein präziser Bewegungsablauf und ein genaues Treffen
erforderlich. Anders als bei den
anderen Unterarmblöcken
konzentriert sich die Trefffläche hier auf die Handaußenkante und das Handgelenk.
Das ist das typische Merkmal
von *Shuto-uke.* Sehr effektiv
wirkt der *Shuto-uke* im *Kokutsu-dachi.* Deshalb wird er überwiegend in dieser Stellung
geübt.

Abb. 138

Abb. 139

Bewegungsausführung

Das Ausholen geschieht wie bei *Gedan-barai,* nur sind beide Hände geöffnet. Die Hand des abwehrenden Armes wird zum gegenüberliegenden Ohr geführt und der Unterarm soweit wie möglich nach innen eingedreht, so daß mehr die Handkante zum Ohr zeigt als die Handfläche. Der Handrücken des anderen, vorgestreckten Armes liegt oben (Abb. 139). Beide Hände dürfen in der Bewegung und im Endpunkt nicht abgeknickt sein, der Handrücken und der Unterarm bilden eine Ebene. Der Daumen wird so weit wie möglich angezogen, die Finger sind angespannt. Nur so bilden Hand, Handgelenk und Unterarm eine feste Einheit, die ohne Verletzungsgefahr für den Verteidiger hart zuschlagen kann.

Lern-Tips

- Vermeiden Sie während der Abwehr ein Öffnen des Winkels von Unter- zu Oberarm. Man ist leicht geneigt, beim Blocken den Arm zu strecken. Dieses »Öffnen« erschwert Ihnen jedoch eine präzise Abwehr.
- Schnappen sie den Unterarm aus dem Ellbogengelenk heraus. Nur so erhalten Sie die nötige Dynamik für eine schnelle und starke Abwehr.
- Führen Sie den zurückziehenden Arm gerade nach hinten (Abb. 137). Winkeln Sie nicht die Handgelenke ab. Beide Handrücken müssen in einer Linie zum Unterarm sein.
- Achten Sie auf Ihre Ganzkörperhaltung, besonders auf die Beckenstellung (Hüfte) und die Haltung des Oberkörpers: Das Becken darf in *Kokutsu-dachi* nicht nach vorn geschoben, der Oberkörper nicht nach hinten gebeugt sein.

Der Ellbogen wird wie beim *Gedan-barai* stark zur Körperaußenseite gestoßen und der Unterarm peitschenförmig nach außen gedreht (Abb. 140 und 141). Die Drehung erfolgt aus dem Ellbogengelenk, während gleichzeitig der Oberarm arretiert. Während dieses Herausschnappens dreht der Unterarm aus und blockt den Angriff ab. Zur gleichen Zeit wird der andere Arm mit dem Ellbogen gerade nach hinten zurückgestoßen und arretiert mit der Hand vor dem Solarplexus. Der Unterarm dreht gleichzeitig mit dem Abwehrarm ruckartig ein, so daß in der Endhaltung die Handinnenfläche nach oben zeigt.

Abb. 140

Abb. 141

Abb. 142

Abb. 143

Abb. 145

Abb. 144

Abb. 146

Morote-uke

Im Kampf kann man immer
wieder in Situationen geraten,
in denen eine einarmige
Abwehr nicht stark genug ist.
Hier kommt der beidarmige
Block wie der *Morote-uke* zum
Einsatz, bei der der blockende
Arm vom anderen unterstützt
wird (Abb. 147). Diese Technik
wird in ähnlicher Weise wie
der *Uchi-uke* ausgeführt. Nach
der Ausführung befindet sich
der Verteidiger in einer Bereitschaftsstellung, aus der heraus
er sofort kontern oder eine
weitere Attacke abwehren
kann.

Abb. 147

Abb. 148

Bewegungsausführung

Beide Arme holen nicht ganz
gestreckt neben dem Körper
aus (Abb. 148). Der abwehrende Arm blockt in gleicher
Weise wie *Uchi-uke*. Gleichzeitig geht der andere Arm mit
nach vorn (Abb. 149). Im
Moment der Abwehr setzt die
Handaußenkante des unter-
stützenden Armes am Ell-
bogen des blockenden Armes
an. Beide Fäuste zeigen nach
vorn (Abb. 150).

Abb. 149

Abb. 150

Die Stärke des Blocks resultiert hier aus dem Vorschwingen *beider* Arme vor den Körper. Wie bei allen anderen Verteidigungstechniken darf auch hier das Ausholen, also das anfängliche Nach-hinten-Führen der Arme, nicht gestoppt werden, sondern muß direkt in die Vorwärtsbewegung übergehen. Der Unterarm des unterstützenden Armes liegt leicht am Körper an und deckt ihn somit.

Abb. 151

Abb. 153

Abb. 152

Abb. 154

Lern-Tips

Abb. 155

■ Verharren Sie nicht zu lange in der Ausholphase! Auch wenn Sie beim Ausholen die Arme nach hinten führen, so ist dies kein Strecken, das abrupt gestoppt wird, um dann die Arme erneut nach vorn zu beschleunigen. Führen Sie das rückwärtige Ausholen und das anschließende vorwärtige Beschleunigen als eine »Schwing«-Bewegung der Arme durch.

■ Beginnen Sie bei einer Fortbewegung rechtzeitig mit der Ausholbewegung; es ist zu spät die Ausholbewegung erst nach dem Zwischenschritt zu beginnen. Denken Sie daran, daß die Arme bei dieser Abwehrform einen relativ langen Weg zurücklegen.

Gedan-barai

Fuß- und Fauststöße, die zur unteren Hälfte des *Chudan*-Bereichs (Magen, Bauch) gerichtet sind, können mit *Gedan-barai* sehr gut abgewehrt werden. Das Grundmuster dieser Bewegung ist als Reflex in jedem Menschen vorhanden. Selbst ohne jegliche Kenntnis einer Selbstverteidigungskunst wird jeder einen Tritt oder Fausthieb zum Bauch oder Unterleib instinktiv mit einer Bewegung abwehren, die der Ausführung des *Gedan-barai* ähnelt. Zudem läßt sich *Gedan-barai* auf Grund seiner einfachen Bewegungsstruktur recht schnell erlernen.

Bewegungsausführung

Der abwehrende Arm holt mit der Faust am gegenüberliegenden Ohr aus, die Handfläche ist zum Ohr gedreht. Der andere Arm wird vor der Körpermitte gestreckt, mit der Faust auf Gürtelhöhe (Abb. 156).

Abb. 156

Der Ellbogen stößt leicht nach unten und außen bis zur Körpergrenze (Abb. 157). Dann schnappt der Unterarm in einer peitschenden Bewegung bis über den Oberschenkel heraus. Kurz vor Ende des Schlages dreht die Faust ein. Der Arm wird arretiert, noch bevor das Ellbogengelenk ganz durchgestreckt ist. Gleichzeitig wird der andere Arm in einer direkten Linie zum Körper zurückgezogen und die Hüfte scharf ausgedreht (Abb. 158). Trefffläche ist die Handrückenseite des Unterarmes. In der Endhaltung zeigt der Handrücken nach oben. Die Faust befindet sich etwa doppelte Handbreite über dem Oberschenkel.

Abb. 157

Abb. 158

Abb. 159

Abb. 161

Abb. 160

Lern-Tips

- Heben Sie während des Ausholens den Ellbogen nicht zu hoch an (Abb. 162).
- Lassen Sie Ihre Schultern locker, heben Sie sie beim Ausholen nicht an.
- Halten Sie die Faust fest geschlossen und knicken oder drehen Sie sie nicht ab.
- Holen Sie nicht zu »kurz« aus. Die Faust muß sich mindestens neben dem Ohr befinden. Nur so erhalten Sie genügend Vorspannung für die peitschenartige Ausführung des *Gedan-barai*.

Abb. 162

Fußtechniken

Karate erfordert den Einsatz des ganzen Körpers, um ein Maximum an Wirksamkeit in der Selbstverteidigung zu erreichen. Wenngleich sie schwer zu erlernen sind, spielen Beintechniken im Karate eine große Rolle. Gewöhnlich gebrauchen wir unsere Füße nicht so vielseitig wie unsere Hände. Deshalb ist ständiges Üben nötig, um sie effektiv einsetzen zu können. Man sollte sich immer bewußt sein, daß – wie bei allen anderen Karate-Techniken – bei der Anwendung von Beintechniken *(Keri)* nicht nur die Füße, sondern der ganze Körper eingesetzt werden muß.

Füße und Beine können zur Abwehr wie zum Angriff eingesetzt werden. Abwehrtechniken mit Beinen und/oder Füßen erfordern ein Höchstmaß an Koordination, Timing und Standsicherheit. Aus sportlicher Sicht spielen sie im heutigen Karate keine Rolle mehr, und man trainiert sie eigentlich nur noch, meist unbewußt, in den *Katas*.
Im Karate sind Beintechniken nur dann wirkungsvoll, wenn sie aus einer stabilen, ausbalancierten Position erfolgen. Obwohl oder gerade weil die Tritte eine große Reichweite besitzen, sollten sie mit Bedacht eingesetzt werden. Leicht kann der Gegner einen unsicheren oder zu langsamen

Abb. 163

Tritt fangen, aushebeln oder das Bein so wegführen, daß der Angreifer aus dem Gleichgewicht gerät und er ihn somit unter Kontrolle bringt. Aus diesem Grund muß der Fuß immer zurückgezogen oder -geschnappt werden.

Fußtritte können in alle Richtungen erfolgen, wobei die Grundtechniken genauen, geraden Bahnen folgen – nach vorne *(Mae-geri),* zur Seite *(Yoko-geri)* und nach hinten *(Ushiro-geri).* Eine Ausnahme bildet der Rundbogenfußtritt *(Mawashi-geri),* der in einer kreisförmigen Bewegung nach vorn oder zur Seite getreten wird.

Auch die Tritttechniken lassen sich in drei Phasen einteilen:

1. Anziehphase des Knies zur Ausgangsstellung *(Hiki-ashi).*
2. Die (eigentliche) Trittphase des Fußes.
3. Absetzphase.

Die Anziehphase

Bei fast allen Fußtechniken wird vor dem eigentlichen Tritt das Knie hochgezogen. Dies geschieht unabhängig davon, ob aus dem natürlichen Stand, einer Stellung oder Bewegung heraus getreten wird. Diese Zwischenphase der gesamten Bewegung nennt man auch *Hiki-ashi* (entsprechend dem *Hikite* bei Armtechniken). *Hiki-ashi* bildet die Ausgangsposition für jeden Fußtritt. Aus dieser Position heraus kann die Zielhöhe und die Art des Fußtritts leichter variiert werden. Dies erschwert es dem Gegner, den Angriff richtig einzuschätzen und korrekt abzuwehren. Ein Tritt mit ungenügend angezogenem Knie ist dagegen leicht abzublocken. Für eine *Kekomi*-Technik ist es unbedingte Voraussetzung, um den Fuß ins Ziel zu steuern. Das gleiche gilt für Tritte, die zum Kopf gehen sollen. Ein ungenügend angezogenes

Lern-Tips

- ▣ **Oberstes Gebot für jede Bein- oder Fußtechnik ist ein stabiles Gleichgewicht. Konzentrieren Sie sich deshalb beim Einüben von *Keri*-Techniken zunächst auf das korrekte Hochziehen des Knies sowie auf ein kontrolliertes Absetzen.**
- ▣ **Ziehen Sie nicht nur das Knie genügend hoch, sondern bringen Sie gleichzeitig die Ferse so nah wie möglich an das Bein.**
- ▣ **Halten Sie das Knie des Standbeines leicht gebeugt.**

Knie hätte zur Folge, daß der ganze Tritt aus dem Hüftgelenk erfolgt, das ganze Bein würde nur in Richtung Kopf »gehoben«. Einer solchen Technik fehlt es an Schnelligkeit, Durchschlagskraft und Gleichgewicht. Darüber hinaus bietet das hochgezogene Bein einen gewissen Körperschutz.

Die Trittphase des Fußes

Die Fußtechniken lassen sich in geschnappte *(Keage)* und gestoßene *(Kekomi)* Tritte unterscheiden.

In der *Keage*-Technik wird der Fuß auf einer bogenförmigen Bahn aus dem Kniegelenk zum Ziel heraus- und sofort nach dem Treffen wieder zurückgeschnappt. Die Hüfte unterstützt den Tritt, indem sie mit der Schnappbewegung ebenfalls kurz in Richtung Ziel vorschnellt und sofort wieder zurückgezogen wird.

Bei *Kekomi*-Tritten wird der Fuß mehr oder weniger auf einer geraden Linie in das Ziel

Übungshinweise

Die Erfahrung zeigt, daß oft nicht mangelndes Bewegungsverständnis oder (angeblich) schlechte Dehnfähigkeit (vor allem bei *Yoko-geri jodan*) Ursache für unkorrekte Bewegungen sind, sondern ein schwach ausgeprägtes Gleichgewichtsgefühl und Defizite in der Haltemuskulatur. Zu früh will der Schüler die Bewegung möglichst schnell und hoch ausführen. Die Folge ist eine geringe Steuerungs- und Koordinationsfähigkeit. »Schnelligkeit« dient oft auch der Kaschierung von Standunsicherheit. Deshalb sollten alle Bewegungsphasen bewußt langsam eingeübt werden, damit die einzelnen Bewegungen kontrolliert »geführt« und nicht »gewackelt« werden.

Lern-Tips

- Führen Sie die Bewegung locker aus und spannen Sie erst kurz vor dem Auftreffen an. So wird der Tritt schnell.
- Versuchen Sie weder in der Grundschule/Kata noch im Kampf über Ihre optimale Reichweite hinaus zu treffen. Schon wenige Zentimeter darüber hinaus führen Sie aus dem sicheren Bereich des Gleichgewichts heraus und machen die Technik unkontrolliert.
- Denken Sie immer daran: Erst wenn der Fuß auf dem Boden aufsetzt, ist die Technik zu Ende. So viel Zeit muß sein.
- Halten Sie Ihre Arme immer unter Kontrolle. Rudern Sie nicht damit, um das Gleichgewicht zu halten oder zusätzlichen Schwung für den Tritt zu holen. Sie müssen Ihre Arme jederzeit einsatzbereit haben.

gestoßen. Das Kniegelenk wird kraftvoll in Richtung Ziel gestreckt und der Fuß stößt ins Ziel. Dort arretiert die Bein- und Hüftbewegung für einen ganz kurzen Moment, und dann wird der Fuß schnell wieder zurückgezogen.

Ein weiteres wichtiges Unterscheidungsmerkmal zwischen *Keage* und *Kekomi* liegt in der Distanz (vor allem bei den Seitwärtsfußtritten *Yoko-geri*). Beim *Keage* ist die Trittdistanz kurz, beim *Kekomi* hingegen sehr lang.

Die Trittphase endet nicht mit Auftreffen, sondern erst nach vollständigem Zurückschnappen oder -ziehen des Fußes in seine Ausgangsposition, also *Hiki-ashi*.

Das Hochreißen des Knies wird
begleitet von einer starken
Kniebeugung. Das heißt,
sobald der »Trittfuß« den
Boden verläßt, wird er so eng
wie möglich an das Gesäß
beziehungsweise an die Oberschenkelrückseite herangezogen. Diese Vorspannung läßt
sich mit einer Feder verglei-
chen, die, je mehr sie auseinander gezogen wird, um so
stärker und schneller zurück-
schnellt.

Die »Rückkehr« zu *Hiki-ashi*
dient der Stabilisierung des
Gleichgewichts nach der dynamischen Ausführung und
ermöglicht ein kontrolliertes
Absetzen des Spielbeins. Es
ermöglicht darüber hinaus Fol-
getechniken, entweder einen
weiteren Fußtritt oder ein
Absetzen mit einer Armtechnik
(Block oder Angriff).

Das Zurückschnappen er-
schwert dem Gegner das Fassen, Ziehen, Aushebeln oder
Wegdrücken des angreifenden
Beines.

Die Absetzphase

Das Absetzen erfolgt gezielt
und kontrolliert aus *Hiki-ashi*
heraus. Erst dann ist die Fußtechnik beendet. Ein zu frühes,
direktes Absetzen gleich nach
dem Auftreffen läßt den Körper für einen kurzen Moment
unkontrolliert nach vorne
fallen.

Lern-Tips

- Üben Sie die Phasen mehrmals hintereinander.
- Stabilisieren Sie sich vor allem in
  Hiki-ashi.
- Führen Sie die Tritte aus verschiedenen
  Stellungen im Stand aus – auch abwechselnd einmal mit dem vorderen Bein,
  dann mit dem hinteren Bein.
- Treten Sie mehrmals hintereinander,
  ohne dazwischen abzusetzen. Halten Sie
  dabei das Gleichgewicht.
- Versuchen Sie die Tritte im Stand mit
  geschlossenen Augen.

Bewegungsausführung

Bei *Mae-geri keage* wird der tretende Fuß eng an das Gesäß beziehungsweise an die Oberschenkelrückseite gezogen (Abb. 164).

Mae-geri

Der Vorwärtsfußtritt ist die erste Fußtechnik, die ein Anfänger im Karate lernt. Er ist ein äußerst dynamischer Tritt, der wegen seiner Schnelligkeit und Direktheit sowohl in der Selbstverteidigung als auch im sportlichen Kampf gut eingesetzt werden kann.

Mae-geri kann aus nahezu allen Stellungen getreten werden. Zielregion sind alle drei Stufen *Jodan, Chudan* und *Gedan. Jodan* wird zum Hals (Selbstverteidigung!) oder zum Kinn mit *Keage* getreten. *Chudan*-Ziele sind Solarplexus, Magen, unterer Rippenbogen. Hier sind beide Ausführungen möglich: *Keage* oder *Kekomi.* Im Wettkampf ist der Angriff auf den Unterleib, Leiste oder Unterbauch (alles *Gedan*) verboten. Trefffläche bei der *Keage*-Ausführung sind die Fußballen *(Koshi)*, bei *Kekomi* die Ballen oder die Ferse *(Kakato).*

Abb. 165

Abb. 164

Gleichzeitig wird das Knie in engem Winkel vor die Körpermitte bis auf Höhe des Solarplexus (bei *Mae-geri jodan* vor die Brust) herangezogen (Abb. 165).

Abb. 166

Der Fuß und die Zehen sind stark angezogen. Sobald das Knie diese Ausgangsposition *(Hiki-ashi)* erreicht hat, schnappt der Fuß nach vorn (oben), trifft mit den Fußballen im Ziel auf und schnappt sofort wieder in die Ausgangsposition zurück (Abb. 165 – 167).

Abb. 168

Abb. 169

Abb. 167

Bei *Mae-geri jodan* behält das Knie seine Position bei und nur der Unterschenkel schnappt nach oben. In der Rückschnapp-bewegung kehrt die Hüfte in ihre ursprüngliche Position zurück (Abb. 168 – 170). Nach dem Zurückziehen in *Hiki-ashi* beugt sich das Standbein und wird das Spielbein gezielt abgesetzt.

Abb. 170

In der *Kekomi*-Ausführung wird der Fuß aus dem Kniegelenk nach vorne in das Ziel gestoßen.

Abb. 171

Lern-Tips

- Bringen Sie beim Heranziehen des Knies nicht Ihre Hüfte (Becken) nach vorn. Achten Sie darauf, daß Standbein, Hüfte und Oberkörper in dieser Zwischenphase *(Hiki-ashi)* eine senkrechte Linie bilden (Abb. 171).
- Fallen Sie während des Tritts mit dem Oberkörper nicht ins Hohlkreuz, sondern stoßen Sie die Hüfte aktiv nach vorn und ziehen Sie sie wieder zurück.
- Ziehen Sie das Knie dicht am Standbein entlang nach oben und bringen Sie es vor die Körpermitte.
- Der Fuß Ihres Standbeines sollte während der ganzen Ausführung möglichst nach vorn zum Gegner hin zeigen und ganz auf dem Boden aufliegen. Drücken Sie nicht das Knie des Standbeines durch.
- Je sicherer Sie sich fühlen, desto flüssiger sollte die ganze Bewegung »durchgezogen« werden.
- Halten Sie Ihren Oberkörper gerade und aufrecht – besonders bei *Mae-geri jodan.*
- Ziehen Sie die Fußzehen an, um beim Partnertraining und im Kampf Verletzungen zu vermeiden.

Aus *Hiki-ashi* wird das Knie ganz bewußt gestreckt (nicht durchgestreckt!) und die Hüften kraftvoll nach vorn gestoßen. Im Moment des Treffens wird das ganze Bein arretiert, um anschließend schnell wieder zurückgezogen zu werden. *Mae-geri kekomi* wird gegen *Chudan* oder *Gedan* getreten.

Abb. 172

Abb. 173

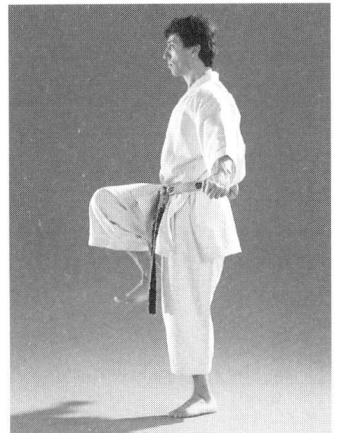

Abb. 174

Abb. 175

Yoko-geri

Perfekt ausgeführt besticht der *Yoko-geri* durch seine Ästhetik, die Anlaß für zahlreiche Bildmotive des Karate bietet. Obwohl er sehr anspruchsvoll ist, ist er doch eine der wirkungsvollsten Fußtechniken. Der Seitwärtsfußstoß kann wie *Mae-geri* geschnappt *(Keage)* oder gestoßen *(Kekomi)* werden. Er läßt sich aus fast allen Stellungen heraus mit dem vorderen und dem hinteren Bein ausführen. Herausragendes Merkmal des *Yoko-geri kekomi* ist die extreme Reichweite und enorme Einschlagkraft, die auch aus dem Stand heraus entwickelt werden kann. Die *Keage*-Ausführung erhält ihre Wirkung durch das schnelle, peitschenmäßige Auftreffen. Getroffen wird in der *Keage*-Ausführung mit der Fußaußenkante, in der *Kekomi*-Ausführung mit dem Fersenteil der Außenkante *(Sokuto)*. Ziele sind im oberen Bereich *(Jodan)* Kinn, Nase, Schläfe (von der Seite), Nacken (von hinten) und Hals; im mittleren Bereich *(Chudan)* Rippen, Achselhöhle, Solarplexus, unterer Rippenbogen und Magen; im unteren Bereich *(Gedan)* Unterleib, Unterbauch, Leiste und Oberschenkel.

Bewegungsausführung

Der *Yoko-geri keage* wird im *Shotokan*-Karate zum Kopf ausgeführt. In der Ausgangsposition *(Hiki-ashi)* sind Knie und Bein in einem Winkel von etwa 45° zur Trittrichtung hochgezogen. Der Fuß und die Zehen sind fest angezogen, die Fußinnenkante Richtung Boden gedreht (Abb. 176).

Abb. 176

Abb. 177

fast gestreckt, die Außenkante des Fußes parallel zum Boden. Der Fuß des Standbeines bleibt ganz auf dem Boden, kann aber leicht abgedreht werden, um so den Hüfteinsatz zu unterstützen. Das Knie des Standbeines wird nicht völlig

Aus dieser schnappt der Fuß in einer Pendelbewegung nach oben, gleichzeitig öffnet sich das Knie, und dreht die Hüfte in Richtung Ziel aus (Abb. 177). In der Endposition ist das Knie

Abb. 178

Abb. 179

durchgedrückt (Abb. 178). Das Zurückschnappen erfolgt so schnell wie das Herausschnappen. Während der ganzen Bewegung bleibt der Rücken gerade und der Oberkörper möglichst aufrecht. Beide Arme behalten ihre *Kamae*-Haltung, der vordere Arm ist etwas zur Rückenseite hin ausgedreht, der hintere befindet sich vor dem Bauch.

Abb. 180

Beim *Yoko-geri kekomi* ist das »Trittbein« in der Ausgangsposition in einem Winkel von circa 90° eng vor dem Körper hochgezogen. Obwohl das Ziel in *Chudan*-Höhe liegt, soll das Knie so hoch wie möglich angezogen sein (Abb. 180). Nur so kann die Seitwärtsstreckung aus dem Knie dem Fuß die nötige Kraft und Wucht für ein hartes Auftreffen mitgeben. Kurz vor der Arretierung der Technik wird die Hüfte in Zielrichtung mit hineingestoßen. In der Endposition bilden Oberkörper, Leiste und Oberschenkel eine Ebene (Abb. 182). Der Druck des gesamten Körpers wirkt so gezielt auf die Trefffläche.

Abb. 181

Abb. 182

Da der *Yoko-geri kekomi* beim Auftreffen mit einer enormen Kraft »einschlägt«, müssen Fuß-, Knie-, Hüftgelenke und Oberkörper vollständig angespannt sein. Das Standbein darf auf keinen Fall durchgestreckt sein, vielmehr muß das gebeugte Knie Rückstöße abfedern können. Der Fuß des Standbeines ist leicht ausgedreht, steht aber fest auf dem Boden.

Abb. 183

Abb. 184

Abb. 185

Hinweis: Beide Techniken, *Keage* oder *Kekomi,* werden von der Körperseite aus gesehen auf einer Linie zum Ziel geführt (Abb. 184 – 186). Ein Abknicken des Knies bewirkt sofort eine Annäherung des Fußes von außen, ähnlich dem *Mawashi-geri* (Abb. 187). Dadurch wird die Technik unpräzise und uneffektiv.

Abb. 186

Abb. 187

Lern-Tips

■ Vermeiden Sie ein Abkippen des Oberkörpers in die andere Richtung (»Waage-Bewegung«, siehe Abb. 197, S. 115). So bekommen Sie zwar auch den Fuß hoch, aber die Technik ist ohne jede Kraft und Dynamik.

111

Abb. 188

Abb. 189

Variante: In der Regel wird *Yoko-geri* aus einer schrägen oder seitlichen Position in *Kiba-dachi* zum Gegner ausgeführt (Abb. 188 – 191). In einer Frontalstellung wie *Zenkutsu-dachi* muß der ganze Körper während des Heranziehens zum *Hiki-ashi* circa 90° eingedreht werden (Abb. 192 – 194).

Abb. 190

Abb. 191

Abb. 192

Lern-Tips

■ Bringen Sie nicht zu früh Ihre Hüfte in Stoßrichtung (Abb. 197, S. 115). Der Hüfteinsatz erfolgt erst in der Trittphase.

■ Drehen Sie Ihre Fußaußenkante in Treffrichtung.

■ Bei der Ausführung aus dem *Zenkutsu-dachi* sollten Sie erst das Eindrehen ausgeführt haben, bevor Sie den Seitwärtstritt vollenden.

Abb. 193

Abb. 194

Übungshinweise

Häufige Ursache für falsch ausgeführte *Yoko-geri* ist nicht mangelnde Dehnung oder fehlendes Verständnis für die Technik, sondern schlicht eine schwach ausgebildete seitliche Bein- und Hüftmuskulatur.

Selbst wenn die Ausgangsposition, also der einbeinige Stand gut beherrscht wird, wird häufig unter Einsatz des ganzen Körpers das Bein und der Fuß irgendwie »hochgehievt«. Oder das Trittbein und der Oberkörper fungieren sozusagen als Waage, deren Angel das Standbein ist. Die eine Seite (der Oberkörper) kippt hinunter, um so der anderen Seite (das Bein) das Hochwippen zu ermöglichen. Als Gründe für diese fehlerhafte Technikanwendung werden dann oft eine mangelnde Dehnfähigkeit der Adduktoren oder Steifigkeit in den Hüftgelenken genannt. Tatsächlich ist aber eine ungenügende Koordination und/oder eine schlecht ausgebildete Muskulatur (Abduktoren und Teile der Gesäßmuskulatur sind nicht kräftig genug) die Ursache. Jeder, der sich halbwegs in eine breite Grätsche begeben kann, besitzt die Voraussetzung für eine richtige Anwendung des *Yoko-geri* jodan.

Abb. 195

Abb. 196

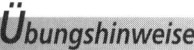

Übungshinweise

Ein anderes Problem tritt selbst bei Fortgeschrittenen häufig auf, vor allem, wenn
Yoko-geri aus dem Übersetzen in *Kiba-
dachi* getreten wird: Schon beim Übersetzen, spätestens aber beim Hochziehen des
Beines wird das Becken abgeknickt und so
die Hüfte nach vorn geschoben (Abb. 196).
Selbst bei einem ansonsten korrekt ausgeführten Fußstoß bleibt der Hüfte dadurch
kein Spielraum mehr, um mit dem eigentlichen Tritt in Richtung Ziel gestoßen oder
geschnappt zu werden. Versucht man es
dennoch, kippt man mit dem Oberkörper in
eine extreme Schräglage, die einen Teil der
Bewegungsenergie in die falsche, dem Tritt
entgegengesetzte Richtung wirken läßt.
Stabilität, Gleichgewicht und Effizienz der
Technik gehen so schnell verloren. Man
sollte daher darauf achten, die Hüfte (das
Becken) während des Heranziehens des
Knies in normaler Stellung zu halten, also
weder abgekippt noch vorgeschoben.

Abb. 197

115

Mawashi-geri

Der *Mawashi-geri* ist im modernen Wettkampfkarate ein beliebter und häufig eingesetzter Angriff. Über seine Herkunft gibt es unterschiedliche Ansichten. So fehlt er gänzlich in den traditionellen *Kata,* und auch im *Shotokan*-System taucht er nur einmal auf, nämlich in der schwierigen *Kata Unsu.* Es wird behauptet, daß **Nakayama** diese Technik aus China (Mandschurei) einführte, wo er sich während des Krieges aufhielt. Er soll sie dann als Chefinstruktor der JKA in seine Kumite-Ausbildung mit Nachdruck eingebunden haben und ebenfalls in diesem Sinne die *Kata* Unsu verändert haben. Wie dem auch sei, der *Mawashi-geri* setzte sich zumindest im *Shotokan* vermehrt durch, allerdings nur im

Kumite-shiai. **Kanazawa** versuchte, der Technik dadurch mehr Geltung zu verschaffen, daß er sowohl neue *Katas* entwickelte, in denen *Mawashi-geri* enthalten waren, als auch bereits bestehende *Katas* (z.B. Empi, Kanku Dai) dahingehend änderte. Allerdings setzte sich seine Idee nicht durch. Der *Mawashi-geri* unterscheidet sich von den bisher beschriebenen Fußtechniken durch seine bogenförmige Bewegungsbahn, die von außen nach innen auf einer nahezu horizontalen Ebene verläuft. Zielregion ist die Rumpfseite *(Chudan),* Hals oder Schläfe *(Jodan).* Seine halbkreisförmige Ausführung erlaubt es, den Gegner um seine Deckung oder Angriff herum noch zu treffen. Schnelligkeit und starke Wirkung erreicht der *Mawashi-geri* durch den Peitscheneffekt, der das Resultat von explosiver Hüfteindrehung und blitzschneller Schnappbewegung des Unterschenkels ist. Er kann mit dem vorderen oder hinteren Bein getreten werden.

Lern-Tip

■ Achten Sie darauf, daß während der Anzieh- und Eindrehphase der Fuß nicht höher als das Knie ist.

Bewegungsausführung

Die Hauptcharakteristik des *Mawashi-geri* ist die Hüft- und Körperrotation, die in die Schnappbewegung des Unterschenkels übergeht.
Zum Erlernen läßt sich die

Abb. 198

Bewegung in vier Phasen aufteilen. In der *ersten Phase* der grundschulmäßigen Ausführung wird das Knie des tretenden Beines seitlich neben den Körper hochgezogen, so daß Ober- und Unterschenkel fast eine waagerechte Ebene bilden (Abb. 198). Das Knie liegt etwas höher als das Sprunggelenk. Der Fuß und die Zehen sind stark angezogen und nach unten eingedreht, die Ferse liegt eng an der Oberschenkelrückseite an. Auch hier gilt: Das Bein so hoch wie möglich anziehen. Von dieser Ausgangsposition dreht in der *zweiten Phase* der

Abb. 199

Abb. 200

ganze Körper mit dem Stand-
fuß nach vorne ein, bis das
Knie zum Ziel zeigt (Abb. 199).
In diesem Moment arretiert die
Körperbewegung und – in der
dritten Phase – schnappt der
Fuß auf einer waagerechten
(Chudan) beziehungsweise
leicht schräg nach oben

Abb. 201

(Jodan) führenden Bahn ins
Ziel und sofort wieder zurück
(Abb. 200 – 202). In der *vierten*
und letzten *Phase* wird die
Hüfte zurückgenommen und
der Fuß abgesetzt. Auf keinen
Fall darf nach dem Auftreffen
das Bein direkt »zu Boden
fallen«.
Treffflächen sind wie bei *Mae-
geri* die Fußballen *(Koshi)*, im
Freikampf auch der Fußrist
(Haisoku).

Abb. 202

Varianten: Im *Kumite-Shiai* ist der *Mawashi-geri* eine häufig und oft erfolgreich eingesetzte Technik. Doch die Grundschulform mit dem hinteren Bein ist mit ihrem großen Bewegungsumfang klar zu erkennen und damit leicht abzuwehren. Im Wettkampf zählt weniger die effektive Durchschlagskraft, wie sie die Grundform korrekt ausgeführt garantiert, als vielmehr die blitzschnell und überraschend hervorgebrachte Technik, die vom Gegner nicht mehr geblockt werden oder der er nicht mehr ausweichen kann.

Abb. 203

Aus diesem Grund wird im *Jiyu-kumite* das Knie zunächst wie zu *Mae-geri jodan* hochgezogen. Dann erst wird die Hüfte blitzschnell nach vorn eingedreht und das Bein mit der Schnappbewegung des Unterschenkels weit zum Gegner vorgestreckt (Abb. 203 – 205). Aus Wertungsgründen wird im *Kumite-shiai* der *Mawashi-geri* überwiegend zum Kopf getreten, meist mit dem vorderen Bein. Um größere Verletzungen zu vermeiden, trifft man mit dem Fußspann. Entscheidend ist – gleichgültig ob mit dem vorderen oder hinteren Bein getreten wird –, daß das Knie so hoch und schnell wie möglich hochgerissen und Hüfteindrehung und Schnappbewegung fast zeitgleich erfolgen.

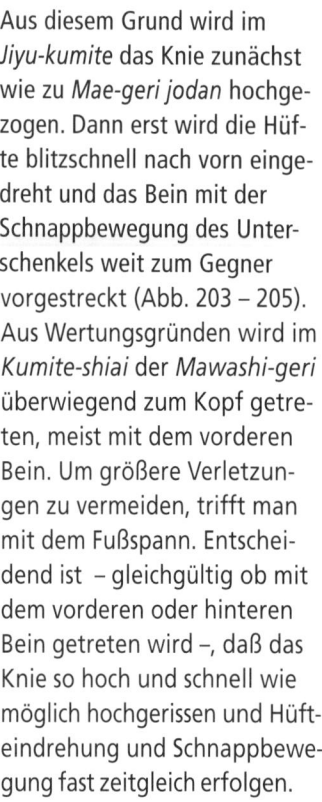

Abb. 204

Lern-Tip

- Ziehen Sie den Fuß so eng wie möglich an. Nur so können Sie eine starke Schnappbewegung ausführen.

Abb. 205

Abb. 206

Eine weitere Variante der
Anziehphase bildet einen Mit-
telweg zwischen der traditionellen Grundschultechnik und
der modernen Kampfaus-
führung, die sich heute immer
mehr durchsetzt. Das Knie und
der Fuß werden in einem diagonalen Bogen gleichzeitig mit
der Körpereindrehung nach
oben gezogen. Sobald das Knie
und die Körperseite zum Ziel
zeigen, arretiert die Rotation
und schnappt der Fuß heraus
(Abb. 206 – 208).

Abb. 207

Abb. 208

Lern-Tips

- Drehen Sie bei der Körperrotation den
  Fuß des Standbeines mit, weil sonst
  Knie- und Hüftgelenk ein ausreichendes
  Eindrehen blockieren.
- Halten Sie bei einer *Jodan*-Technik Ihren
  Oberkörper so aufrecht wie möglich
  (Abb. 207).

Halte- und Streckübungen

Beim Einüben von neuen Karate-Techniken darf die Bedeutung der Balance nicht vergessen werden. Sie ist ein wichtiger Bestandteil in der Ausbildung und nur auf ihrer Basis gelingen gute Techniken. Nachfolgend finden Sie einige Übungen, die in loser Reihenfolge durchgenommen werden können. Sie dienen in erster Linie der Ausbildung und Stabilisierung des Gleichgewichts und sollten möglichst täglich praktiziert werden. Ihre Durchführung nimmt nur wenig Zeit und Platz in Anspruch.

Halteübungen ohne Partner

Mit diesen Übungen wird die Haltemuskulatur gekräftigt und dadurch das Gleichgewichtsgefühl bei einbeinigem Stand und statischer Arbeit verbessert. Ihre Dauer sollte 8–10 Sekunden betragen. Mit zunehmender Verbesserung kann der Schwierigkeitsgrad erhöht werden, indem das Standbein im Kniegelenk etwas stärker gebeugt und die Übung mit geschlossenen Augen durchgeführt wird.

Übung 1: Das Spielbein wird von dem Standbein diagonal nach innen gekreuzt und so gehalten. Beide Arme sind seitlich weggestreckt. Das Knie des Standbeins ist nicht durchgedrückt, Oberkörper aufrecht (Abb. 209).

Abb. 209

Abb. 210

Übung 2: Wie Übung 1. Das Spielbein wird aber hinter dem Standbein gekreuzt (Abb. 210).

Abb. 211

Übung 3: Das linke Knie ist so eng wie möglich angezogen. Der linke Arm wird gegen die Decke gestreckt, der rechte Arm gegen den Boden und umgekehrt (Abb. 211).

Abb. 213

Abb. 212

Übung 5: *Choku-tsuki* im Einbeinstand. Natürlich können auch andere Armtechniken wie *Age-uke, Soto-uke* usw. geübt werden. Eine Übungssteigerung bringt das gleichzeitige Drehen auf dem Standfuß um 90° nach rechts oder links (Abb. 213).

Übung 4: Das linke Bein leicht gebeugt nach hinten anheben, den linken Arm nach hinten wegstrecken. Die rechte Hand berührt fast den Boden, der Oberkörper ist nicht gekrümmt.
Vorsicht: Das Knie des Standbeins wird in dieser Übung stark gebeugt. Bei etwaigen Verletzungen oder Schädigungen der Knie sollte man diese Übung nicht durchführen (Abb. 212)!

Abb. 214

Übung 6: *Choku-tsuki* auf den Fußballen. Hierbei sollte der Stand möglichst ruhig gehalten, also nicht »getänzelt« werden (Abb. 214).

Halteübungen
mit Partner

Die hier gezeigten Übungen
können auch allein gegen
einen festen Widerstand (z.B.
Türrahmen) vorgenommen
werden. Wichtig ist, daß
zunächst das Gleichgewicht
gefunden und gehalten werden muß, erst dann kann man
die Spannung allmählich steigern. Bei der Übung mit einem
Partner ist dies nicht als Wettkampf zu verstehen; auch ein
sicherer und kräftigerer Partner muß sich anpassen.

Abb. 216

Abb. 215

Abb. 217

Übung 7–9: Beide Partner
drücken die Innenseite des
angezogenen Knies gegeneinander. Gleichzeitig werden die
Arme in *Soto-uke*, *Uchi-uke-*
oder *Gedan-barai*-Haltung
gegeneinander gedrückt
(Abb. 215 – 217).

Streckübungen

Aus der Ausgangsposition erfolgt das Strecken des Beines und der Arme. Diese werden in der langsamen Ausführung in der Endstreckung kurz gehalten und wieder langsam zurückgezogen. In schnellem Tempo wechseln sich Strecken und Ranziehen ohne Unterbrechung ab. Es sollten beide Übungsvarianten, die schnelle wie die bewußt langsame, abwechselnd durchgeführt werden. Bei sicherem Beherrschen können die Augen geschlossen werden.

Abb. 218

Übung 10: Ausgangsposition: Linkes Knie und rechter Arm sind angezogen, Ellbogen am Knie. Der linke Arm ist nach hinten-unten weggestreckt. Das linke Bein wird seitlich nach unten, der rechte Arm seitlich nach oben gestreckt (Abb. 218 und 219).

Abb. 219

Übung 11: Ausgangsposition: Halbe Hocke mit geschlossenen Beinen, die Hände sind vor den Knien gekreuzt. Ein Bein und beide Arme werden seitlich weggestreckt. Das Standbein bleibt gebeugt. Wieder zurück in die Ausgangsposition, dann mit der anderen Seite (Abb. 220 – 222).

Abb. 221

Abb. 220

Abb. 222

Abb. 223

Übung 12: Ausgangsposition
wie in Übung 11. Jetzt ein Bein
nach hinten, beide Arme nach
vorne in Verlängerung des
Oberkörpers strecken. Zurück
in die Ausgangsposition und
mit der anderen Seite fortfah-
ren (Abb. 223 – 225).

Abb. 224

Abb. 225

Übung 13: Ausgangsposition: Knie eng vor die Brust gezogen. Bei dieser *Kekomi*-Übung wird das Knie nach jeder Streckung wieder vor die Brust zurückgezogen. Die einzelnen Streckungen sollen mit leichtem Druck und Anspannung (»Einrasten«) enden und kurz gehalten werden. Abwechselnd das Bein nach vorn-unten (Ferse), seitlich-außen (Fußaußenkante), seitlich-innen (Fußsohle) und hinten-unten (Ferse) drücken (Abb. 226 – 230).

Abb. 226

Abb. 227

Abb. 228

Abb. 229

Abb. 230

Anhang

Glossar

Age: Aufsteigend, nach oben.

Age-uke: Aufsteigender Block, Abwehr gegen Angriff zum Kopf, der auch als direkter Gegenangriff angewandt werden kann.

Atemi-waza: Techniken, die durch Treffen vitaler Körperpunkte (z.B. Solarplexus, Halsschlagader, Schläfe) große Schmerzen, Lähmung oder Bewußtlosigkeit hervorrufen können. Treffer auf solche Atemi-Punkte sind im sportlichen Karate zum Teil verboten.

Choku-tsuki: Gerader Fauststoß in Grundstellung *(Hachiji-dachi).* Die Faust folgt einer direkten Linie von der Hüfte (Startpunkt) zum Ziel: Kopf *(Jodan),* Brust/Bauch *(Chudan),* Unterleib *(Gedan).*

Chuan Fa: (chin.): »Weg der Faust«. Chinesisches Karate, japanisch auch *Kempo* genannt. Eine der Wurzeln des *Okinawa-te* und späteren Karate.

Chudan: Mittlere Zielregion: von Gürtelhöhe (obere Hüftgrenze) bis Schulterhöhe.

Chudan kamae: Kampfhaltung, die Arme sind in Höhe der mittleren Stufe.

Dachi: Stellung, Stand.

Dan: Meistergrad (Schwarzgurt). Im *Shotokan* gibt es neun Dan-Grade, die ab dem 7. Dan ehrenhalber verliehen werden.

Dan-tsuki: Fortlaufendes Stoßen mit dem selben Arm. Der Fauststoß wird 2- bis 3mal unmittelbar hintereinander ausgeführt.

DKV: Deutscher Karateverband, gegründet am 17.6.1976. An der Gründung waren die damaligen Verbände DKB (Deutscher Karatebund), DJKV (Deutsch-Japanischer Karateverband) und GKD (Goju-Kai Deutschland) beteiligt. Später kamen die Sektion Karate im Deutschen Judobund (DJB), die Deutsche Karateunion (DKU) sowie der Wado-Kai Deutschland (WKD) hinzu. Am 11.6.1977 wurde der DKV als offizielles Mitglied in den Deutschen Sportbund (DSB) aufgenommen. Ein Zusammenschluß aller damaligen Verbände zu einem Dachverband war Voraussetzung für die Aufnahme in den DSB. Erst 1987 lösten sich die Mitgliedsverbände vollständig auf und gingen in den Deutschen Karateverband ein. Der DKV gliedert sich in 15 Landesverbände, in denen über 100 000 Mitglieder organisiert sind.

Do: »Der Weg«. Geistiges Prinzip, das seinen Ursprung im Ch'an-(Zen)-Buddhismus und Taoismus hat. Der Praktizierende soll durch ständiges, konzentriertes Üben verbunden mit einem bestimmten Verhaltenskodex zu geistiger Vervollkommung gelangen.

Dojo: »Ort der Erweckung, Erleuchtung«. Übungsstätte, Trainingsraum.

Funakoshi, Gichin: (1868–1957). Funakoshi gilt gemeinhin als »Vater des modernen Karate«. Bereits mit sechs Jahren begann er das Karatestudium unter den zwei Großmeistern des *Okinawa-te* Azato und Itosu. 1917 folgte er einer Einladung nach Japan, um dort Karate vorzustellen. 1922 demonstrierte er ein weiteres Mal Karate in Japan, wo er dann bis zu seinem Tod blieb. Funakoshi sammelte die Techniken und *Kata* der verschiedenen Stile, revidierte sie, benannte sie um und schuf so eine neue Schule, die später von seinen Schülern *Shotokan* genannt wurde.

Gedan: Untere Zielregion, vom Gürtel abwärts.

Gedan-kamae: Abwehr-, Bereitschaftsstellung untere Stufe. In der Grundschule häufige Ausgangsposition.

Gedan-barai: Block untere Stufe. Er wird vorwiegend bei Fußangriffen, aber auch geraden Fauststößen (beide *Chudan)* angewandt.

Go: Fünf, fünfter; auch: stark, hart.

Gohon: Fünfmal, fünf Techniken (Schritte) hintereinander.

Gohon-kumite: Grundschulmäßige Kampfübung, in der fünfmal hintereinander mit Fauststößen zur oberen *(Jodan)* beziehungsweise mittleren *(Chudan)* Stufe angegriffen wird. Der Verteidiger führt nach dem 5. Block einen gezielten Gegenangriff aus.

Goju-ryu: Eine der vier großen japanischen Karate-Stilrichtungen. Ihr scheinbar paradoxer Name *(Go* = stark, männlich; *Ju* = weich, sanft, weiblich) weist auf den Ursprung hin, dem sanften chinesischen *Chuan fa* (kung fu) und dem harten, starken *Okinawa-te.* Begründer des Stils war Higaonna aus Okinawa. Chojun Miyagi, der bei Higaonna lernte, entwickelte die Schule weiter und benannte sie Goju-ryu, als er sie 1935 in Japan (Kyoto) vorstellte. Gogen Yamaguchi verbreitete den Stil außerhalb Japans. Die Stellungen haben eine Zentrierung der Körpermitte zum Schwerpunkt, die Wege sind kurz. Auf eine »weiche«, ausweichende Abwehr folgt ein harter Angriff.

Gyaku: Entgegengesetzt, spiegelverkehrt, die entgegengesetzte Seite betreffend. Bei Armtechniken gilt der Zusatz *Gyaku* immer der Seite des hinteren Beines.

Gyaku-tsuki: Fauststoß mit der »entgegengesetzten« Seite (linkes Bein vor, rechter Arm stößt und umgekehrt). Wird nach einer Abwehr entweder im Stand oder im Vorwärtsgleiten als sofortige Kontertechnik angewandt. Als Angriffstechnik eignet sich der *Gyaku-tsuki* sowohl auf kurze Distanzen (Vorwärtsgleiten), als auch auf größere Distanzen (Vorwärtsgehen) als alleinige Technik oder in Kombination.

Hachiji-dachi: »Natürliche«, offene Bereitschaftsstellung. Die Fersen stehen hüftweit auseinander, die Füße sind auf gleicher Höhe und zeigen etwa 45° nach außen.

Hai: Bestätigung, bedeutet soviel wie »Ja!«, »In Ordnung!«.

Hajime: »Fangt an!« oder »Kämpft!«. In Turnieren und während des Kumites gebrauchte Aufforderung an die Kämpfer zu beginnen; ebenso im Training oder bei Prüfungen. Haijme erfolgt dann vor jeder selbständig zu erbringenden Übung oder Demonstration.

Hanmi(-kamae): Halbfrontaler Stand/Hüfthaltung. Die Hüfte ist halb abgedreht (45°), ohne daß sich die Beinstellung oder Hüfthöhe verändert.

Hara (auch Tanden): »Eingeweide, Unterbauch«. Konzentration von Nerven unter dem Nabel, die ebenso wichtig wie diejenigen an der Gehirnbasis sind. Durch richtiges Atmen und Konzentration erhält diese Nervengruppe große Kraft, es wird zum Zentrum der Energie und Aktivität (Ki). *Hara* hat eine große Bedeutung in den Budo-Disziplinen und im Zen-Buddhismus.

Heian: »Friede, Ruhe«. Fünf Grundkata im *Shotokan*, *Wado-* und *Shorin-ryu* (dort *Pinan* genannt), die alle Grundtechniken und -stellungen beinhalten. Sie wurden von Itosu unter anderem aus der *Kata Kushanku (Kanku)* entwickelt und von Funakoshi gelehrt. Die *Heian-Katas* gliedern sich in *Hejan shodan* (21 Bewegungen), *Heian nidan* (26 Bewegungen), *Heian sandan* (23 Bewegungen), *Heian yondan* (27 Bewegungen) sowie *Heian godan* (25 Bewegungen). Funakoshi tauschte auf Grund des Schwierigkeitsgrades die ursprüngliche Reihenfolge der 1. beiden *Heian-Kata;* so wurde aus *Heian nidan* die *Heian shodan* und umgekehrt.

Higaonna, Kanryo (auch Higashionna): (1851–1915) Karate-Pionier, Meister des *Naha-te* und einer der einflußreichsten Karate-Experten auf Okinawa. Er wurde auch »Heiliger des Faustschlags« genannt. 1866 reiste er nach China, um unter dem *Kempo*-Meister Liu Liu Ko zu trainieren. Nach seiner Rückkehr führte er eine neue Karate-Schule ein, die das »weiche«, ausweichende *(Juno)* und »harte«, direkte *(Gono) kempo* zu einem System integrierte. Sein bester Schüler Choju Miyagi entwickelte dieses System weiter zum *Goju-ryu*-Karate. Mabuni (Begründer des *Shito-ryu*) und Shimabuku (Begründer des *Isshin-ryu*) waren weitere bekannte Schüler.

Hikite: Zurückziehende Faust. Das Zurückreißen der Faust ermöglicht eine höhere Kraft und Schnelligkeit der ausgeführten Technik.

Itosu, Yasutsune: (1830–1915). Berühmter Karate-Meister des *Shuri-te* (Shuri/Okinawa). Er lernte Karate unter dem Großmeister Matsumura und war berühmt für die Stärke seiner Arme, Hände und Schläge. Itosu brachte das Karate auf ein hohes technisches Niveau und entwickelte sowohl die *Heian-Kata,* als auch die *Kata* in Anwendung (eine Vorstufe des *Kumite*).

Jiyu-ippon-kumite: Halbfreier Kampf. Vorstufe zum *Jiyu-kumite.* Der Angriff erfolgt einmalig *(Ippon)*, Abwehr und Gegenangriff sind frei wählbar und werden aus *Kamae* ausgeführt.

Jiyu-kumite: Freikampf; freies Partnertraining.

Jodan: Obere Zielregion (Kopf und Hals).

Keage: Schnapp, schnappen, zurückfedern. Der Tritt wird mit einer schnellen, starken Schnapptechnik ausgeführt. Im Gegensatz zu einer *Kekomi*-Technik, in der das Bein beim Treffen »einrastet«, schnellt der Fuß unmittelbar nach dem Auftreten zurück.

Kekomi: Strecken, gestreckter Fußstoß. Der Fuß wird gerade zum Ziel gestoßen. Die maximale Kraft (Anspannung) erfolgt im Treffmoment. Im Gegensatz zu einer *Keage* getretenen Technik »rastet« der Fuß für einen kurzen Augenblick im Treffpunkt ein.

Kempo: »Faustweg«. Japanische Bezeichnung für das chinesische *Chuan fa.* Ebenso eine karateähnliche Selbstverteidigungsart, die in den 30er Jahren in Japan aus dem *Chuan fa* entwickelt wurde. Dieses *Kempo* ist nicht mit dem *Okinawa-te* und dem daraus entwickelten Karate verwandt.

Ki: (chin.: ch'i): Kraft, (Lebens-)-Energie, Anspannung; wurzelt im Hara.

Kiai: »Konzentration der Energie«. Technikverstärkender Kampfschrei, der aus dem Moment des maximalen *Kime* resultiert.

Kiba-dachi: Spreizstellung, Seitwärtsstand. Die korrekte Ausführung erinnert an einen Reiter, der im Sattel sitzt. *Kiba-dachi* wird vorwiegend eingenommen, wenn Techniken zur Seite erfolgen.

Kihon: Grundschule (*Ki* = Kraft, Energie; *Hon* = Wurzel, Ursprung). Eine der drei Eckpfeiler des Karate *(Kihon, Kata* und *Kumite)*. Im *Kihon* werden die Techniken in »Idealform« einstudiert, zunächst einzeln, später in Kombinationen.

Kihon-ippon-kumite: Grundschulmäßige Kampfübung mit Partner. Es wird einmalig mit grundschulmäßigen Techniken angegriffen beziehungsweise abgewehrt.

Kime: »Brennpunkt«. Zusammenwirken von körperlicher und geistiger Kraft in einer Handlung. Der Moment höchster geistiger und physischer Konzentration im Augenblick des Treffens; auch die maximale Ausführung (Kraft, Schnelligkeit) einer Technik.

Kamae: Kampfstellung, Ausgangsposition.

Kamae-te: Kommando (im Training), die Ausgangsposition einzunehmen.

Karate-gi: Karateanzug aus festem Baumwollgewebe. Er besteht aus Jacke *(Uwagi),* Hose *(Zuban)* und Gürtel *(Obi).* Die Farbe des Gürtels kennzeichnet die Graduierung des *Karateka.*

Karateka: Ausübender des Karate.

Kata: »Form, Anordnung, Methode«. Eine in Ablauf und Reihenfolge festgesetzte Folge von Abwehr- und Angriffstechniken in verschiedene Richtungen. Die Grundidee der *Kata* ist ein Schattenkampf gegen einen oder mehrere Angreifer. Es werden hohe Ansprüche an Konzentration, Körperbeherrschung, karatemäßige Bewegung im Raum, aber auch Kraft, Atmung und Timing (Rhythmus) gestellt. Bevor das moderne System des Partnertrainings (Partnerübungen) entwickelt wurde, bildeten die Katas die Hauptform des Karatetrainings. Sie gaben die Grundlage, auf der sich heutige Karatetechniken entwickelten. Es sind mehr als 50 *Katas* aus der Vergangenheit überliefert. Einige sind sehr alt (z. T. aus dem chinesischen *Chuan fa),* andere neueren Ursprungs. Alle *Katas* beginnen mit einer Abwehrtechnik und enden exakt am Anfangspunkt.

Kime waza: Entscheidende Technik, »End«-Technik.

Kodansha: Meister ab dem 4. Dan.

Kokutsu-dachi: Rückwärtsstellung, eine der Grundstellungen. Der Stand ermöglicht eine sichere Abwehr und durch Wechsel in den *Zenkutsu-dachi* einen starken, schnellen Konter.

Koshi: Fußballen, auch Hüfte.

Kumite: Kampf mit einem oder mehreren Gegnern. Der Oberbegriff kumite beinhaltet grundschulmäßige Kampfübungen *(Kihon-kumite),* halbfreien Kampf *(Jiyu-ippon-kumite)* und Freikampf *(Jiyu-kumite),* für den *Kumite* auch synonym gebraucht wird.

Kyoku-shin-kai: Vom koreanischen Meister Masutatsu Oyama gegründete Stilrichtung des harten, kampfbetonten Karate. Auf Turnieren wird mit Vollkontakt gekämpft.

Kyu: Schülergrad. Im *Shotokan* gibt es neun Schülergrade *(1.–9. Kyu).*

Mabuni, Kenwa: (1889–1957). Großer Karatemeister aus Okinawa, der seit seinem 13. Lebensjahr unter Itosu *Shuri-te,* Higashionna *Naha-te* und Miyagi *Goju-ryu* übte. Mabuni entwickelte aus diesen Stilen sein *Shito-ryu,* das er in Osaka (Japan) erstmals 1929 einführte.

Mae: Vorn, vorwärts, nach vorn gerichtet.

Mae-geri: Vorwärtsfußstoß. Man unterscheidet *Mae-geri keage,* den geschnappten Fuß-stoß, und *Mae-geri kekomi,* den gestreckten, kurz arretier-ten Fußstoß. Getroffen wird im allgemeinen mit den Fußballen *(Koshi),* aber auch mit der Ferse *(Kakato)* oder dem Spann *(Haisoku).*

Makiwara: Schlagpolster, Schlagpfahl. Meistens ein Holz-pfosten, der mit einem (Reis-)-Strohpolster umbunden ist. Das *Makiwara* dient der Perfektio-nierung von Tritten und Schlä-gen, aber auch zur Abhärtung von Körperteilen (Faust, Hand-, Fußkanten, Ellbogen), da hier mit maximaler Kraft auf einen Gegenstand geschlagen/getre-ten wird.

Matsumura, Sobon »Bushi«: (1796–1893). Karate-Pionier des *Shuri-te.* Lernte unter Sakugawa »Tode« das einhei-mische *Te* sowie das chinesi-sche *Chuan fa (Kempo).* Er systematisierte als erster das damalige Karate und gab dem neuen System erstmals einen Namen nach seiner regionalen Herkunft: *Shuri-te.* Seine bedeutendsten Schüler waren Itosu, Motobu und Chibana.

Mawashi: Rund, (halb)kreisför-mig, Rundbogen.

Mawashi-geri: Kreisförmiger Fußtritt, der von Nakayama in das *Shotokan*-System integriert wurde. Er wird von außen nach innen geschnappt. Getroffen wird entweder mit den Ballen oder mit dem Spann.

Mawate: Kommando im Trai-ning zum Wenden, Umdrehen.

Miyagi, Chojun: (1888–1953). Entwickelte das *Goju-ryu*-Kara-te von Higaonna weiter, unter dem er lernte. Bereits mit 14 Jahren war er ein Meister des *Okinawa-te.* Mit 16 Jahren reiste er nach Fukien in China, um sich dort mit dem chinesi-schen *Chuan fa* zu vervoll-kommnen. Nach seiner Rück-kehr galt er als unbesiegbar. 1928 ging er nach Japan und unterrichtete an verschiedenen Universitäten. Sein neues System *Goju-ryu* ist eine Ver-bindung aus dem weichen, chi-nesischen Chuan fa und dem harten *Okinawa-te (Go* = hart; *Ju* = weich). Miyagi war der erste auf Okinawa, der eine Karate-Schule organisierte, und ihr nicht den Namen ihrer örtlichen Herkunft gab.

Mokuzu: Konzentration, Meditation. Rituelle Handlung zu Beginn und Ende eines jeden Trainings. Meister und Schüler sitzen sich in *Seiza* mit geschlossenen Augen gegenüber. Es soll den Übenden von Alltagsgedanken befreien und ihn geistig auf das Training einstimmen.

Morote: Beidseitig, mit beiden Armen/Händen.

Morote-uke: verstärkter Unterarmblock. Die Abwehr erfolgt wie bei *Uchi-uke,* die andere Faust verstärkt den Block durch Ansetzen an der Elleninnenseite. Er wird bei sehr kraftvollen Angriffen eingesetzt.

Mudansha: Träger eines Schülergrades.

Naha-te: Alte Stilrichtung des *Okinawa-te,* die nach ihrem regionalen Vorkommen in und um der Stadt Naha (Okinawa) benannt wurde. Später entwickelte sich aus dem *Naha-te* die »harte« Schule *Shorei-ryu,* deren bekanntester Meister Higaonna war.

Nakayama, Masatoshi: (1913 – 1987). Nakayama begann 1936 unter Funakoshi mit Karate. 1937 – 46 studierte er während des Krieges in Peking, wo er auch chinesisches Boxen *(Chuan fa)* kennenlernte. Aus China führte er auch den *Mawashi-geri* ein. 1949 war er Gründungsmitglied der JKA und deren Chef-Instruktor von 1955 bis zu seinem Tode.

Er entwickelte als erster Wettkampfregeln und organisierte die 1. All Japanischen Meisterschaften in Tokio 1957. Damit brach er mit einer eisernen Regel seines Lehrmeisters Funakoshi, der Kumite-Wettkämpfe strikt ablehnte.

Oi-tsuki: Gerader Fauststoß im Vorwärtsgehen (Arm und Bein gleichseitig).

Okinawa-te: Sammelbegriff der waffenlosen Selbstverteidigungskunst auf Okinawa, Vorläufer des heutigen Karate. Dort auch nur als Te bekannt. Es wurde neben der einheimischen Entwicklung stark vom chinesischen *Chuan fa* beeinflußt. Entsprechend der urbanen Zentren bildeten sich die einzelnen Stile *Naha-te, Shurite* und *Tomari-te* heraus.

Randori: Kampfübungsform; lockeres Freikampftraining, in dem nicht voll angegriffen wird. Im *Randori* sollen neue Techniken beziehungsweise Kombinationen einstudiert und eigene »Spezialtechniken« gefestigt werden.

Rei: Gruß. Formelle Verbeugung, mit der man das Betreten und Verlassen des *Dojo,* Beginn und Ende einer Trainingsstunde, Partnerübung, Kampf(übung) und *Kata*-Vorführung an- beziehungsweise abgrüßt. Die allgemeine Stellung ist *Ritsu-rei,* der Gruß im Stand, aber auch *Seiza-rei,* der Gruß im *Seiza*-Sitz.

Ryu: Schule, Stilrichtung.

Sakugawa, »Tode«: (1733–1815). Großmeister des *Te* (auch: *Tode*). Er lernte mit 17 Jahren unter dem bekannten chinesischen *Kempo*-Meister Kushanku (chin.: Kung Hsiang-chun). Sakugawa war der erste, der eine Dojo-Etikette schrieb, ein Verhaltenskodex im Übungsraum und während des Trainings. Ihm wird nachgesagt, der erste gewesen zu sein, das einheimische *To-te* mit dem chinesischen *Chuan fa* zum *Okinawa-te* kombiniert zu haben. Sakugawa war der Lehrer des Großmeisters Matsumura.

Sanbon kumite: Kampfübung mit dreimaliger Angriffsfolge (*San* = drei); wird in der Regel grundschulmäßig ausgeführt.

Seiza: Fersensitz; wird zu Beginn und am Ende eines Trainings zum An- bzw. Abgrüßen eingenommen.

Sempai: »Senior«, »der Ältere«. Bezeichnung für Träger des 2.–5. Dan.

Sensei: Lehrer, Lehrmeister, wird dem Namen hintenangestellt.

Shiai: Wettkampf.

Shihan: Bezeichnung für einen hohen Meister, vom 6. Dan aufwärts; sie wird dem Namen hintenangestellt.

Shito-ryu: Eine der vier großen Stilrichtungen Japans. Ihre Bezeichnung setzt sich aus den Namen der berühmten Karatemeister Itosu und Higaonna zusammen, deren Schüler Mabuni 1930 das *Shito-ryu* begründete. Der Stil umfaßt Kata sowohl aus dem harten *Shorin-ryu*, als auch aus dem weicheren *Goju-ryu*.

Shogun: Oberster Anführer der *Samurai*, der japanischen Kriegerkaste, und militärischer Befehlshaber Japans. Seit dem 12. Jahrhundert eigentlicher Machthaber Japans.

Shomen: Vorn, nach vorn gerichtet.

Shorei-ryu: Alte Stilrichtung des *Okinawa-te*, die überwiegend die Entwicklung der Kraft und körperlichen Stärke zum Inhalt hat.

Shorin-ryu: »Flexible Kiefernschule«. Die sanfte, leichte Schule des *Okinawa-te*, die aus dem *Shuri-te* und *Tomari-te* entwickelt wurde. Im Gegensatz zu *Shorei-ryu* beinhaltet das *Shorin-ryu* leichte, schnelle Bewegungen und eignete sich daher für kleine und leichte Kämpfer.

Shoto: »Pinienrauschen«. Dichter-Pseudonym von Funakoshi, dem Gründer der *Shotokan*-Stilrichtung.

Shoto-kai: (*Kai* = Gruppe) Kampfbetonte Stilrichtung, die von Egami und Hironishi, beide Schüler von Funakoshi, gegründet wurde.

Shotokan: (*kan* = Halle, Haus). Gehört zu den vier großen Schulen in Japan (neben *Goju-*

ryu, Shito-ryu und *Wado-ryu).* Ihr Begründer war Funakoshi, dessen Schüler sein Schriftstellerpseudonym »*Shoto*« für die Bezeichnung seines *Dojo* wählten. Er selbst wehrte sich gegen eine spezielle Bezeichnung seines Stils, da er Karate stilübergreifend sah. Bereits sein Lehrer Itosu begann damit, das traditionelle Karate auf Okinawa zu reformieren. Funakoshi setzte diese Arbeit bis zu seinem Tod fort. Er trug aus den verschiedenen Stilrichtungen (vorwiegend dem *Shorin-ryu* und *Shorei-ryu)* Techniken und *Katas* zusammen, um sie zu modifizieren und in sein neues System zu integrieren. *Shotokan* zeichnet sich durch hohe Dynamik mit starken und harten Techniken aus. In Japan ist es nicht so verbreitet wie *Goju-ryu* oder *Shito-ryu.*

Shuri-te: Von Matsumura nach der Stadt Shuri (Okinawa) benannte Stilrichtung des *Okinawa-te. Shuri-te* wurde dort und in der Umgebung betrieben und war stark vom chinesischen *Chuan fa* der nördlichen Schule beeinflußt.

Shuto: »Schwert«-Hand, Handkante.

Shuto-uke: Handkanten-Block.

Soto: Außen, von außen (nach innen).

Soto-(ude)-uke: Unterarmblock von außen nach innen.

Te: Hand, Faust. Auf Okinawa auch als Bezeichnung für die einheimische Kampfkunst (später *Okinawa-te)* gebraucht.

Tomari-te: Frühere Stilrichtung auf Okinawa, die in der Umgebung der Stadt Tomari praktiziert wurde. Sie wurde von der südlichen (»weichen«) Schule des chinesischen *Chuan fa* beeinflußt und ging später mit dem *Shuri-te* ins *Shorei-ryu* ein.

Tsuki: Fauststoß.

Uchi: Schlagend, schlagen; auch: von innen nach außen.

Uchi-(ude)-uke: Unterarmblock von innen nach außen.

Uchi-waza: Schlagende Techniken.

Ude: Unterarm.

Ude-uke: Unterarm-Block.

Uke: Block, blocken, abwehren.

Wado-Ryu: »Schule für den Weg des Friedens, Harmonie«. Eine der vier großen Karaterichtungen in Japan, die 1939 von Otsuka, einem Schüler Funakoshis, gegründet wurde. Sie zeichnet sich durch kurze Schritte, geringerer Endspannung und schnelle Bewegungsfolgen aus. Viele *Katas* gleichen denen des *Shotokan,* jedoch wurden ihre ursprünglichen, zum Teil chinesischen Namen beibehalten.

Waza: Technik.

Yamaguchi, Gogen C.: (1909–1989). Großmeister des *Goju-ryu,* genannt »die Katze«. Yamaguchi begann 1929 unter Miyagi mit dem Karatestudium und organisierte die All-Japan Karate-do Association, den

Goju-ryu-Dachverband, mit. Nach dem 2. Weltkrieg wirkte er an der Wiederbelebung des Karate in Japan und dessen Verbreitung in der Welt mit. Es ist Yamaguchi zu verdanken, daß das *Goju-ryu* zu den größten und verbreitetsten Schulen auf der Welt gehört. 1936 erfand er eine Art von Freikampf, die bis dahin im *Goju-ryu* noch nicht existierte. Diese Form gilt als ein Vorläufer des heutigen (sportlichen) *Jiyu-kumite*.

Yame: »Halt!«, »Stop!« oder »Aufhören!« Kommando des Hauptkampfrichters an die Kämpfer, den Kampf sofort zu unterbrechen. Im Training das Kommando, die Übung zu beenden.

Yoi: »Achtung!« oder »Bereitschaft!« Kommandoruf im Karate zum Einnehmen einer konzentrierten Wachsamkeitsstellung, aus der heraus Übungen oder Kämpfe beginnen.

Yoko: seitlich, seitwärts.

Yoko-geri: Seitwärtsfußstoß. Der *Yoko-geri* kann *Kekomi* (gestreckt) oder *Keage* (geschnappt) getreten werden. In beiden Fällen wird mit der Fußaußenkante getroffen.

Zanshin: (japan.) Der Geist (= *Shin),* der unbeweglich bleibt. Die rechte Aufmerksamkeit, die nach der ausgeführten Handlung nicht schwächer wird. Im Wettkampf über die Aktion hinausgehende Wachsamkeit und Kampfgeist.

Zenkutsu-dachi: Vorwärtsstellung, Ausfallschritt. Eine der Grundstellungen.

Literatur

Balk, A.: Stretching.
Niedernhausen 1992

Balk, A.: Funktionelles Körper-
training. Niedernhausen 1994

Binhack, A./Karamitsos, E.:
Karate-Do. Philosophie in der
Bewegung. Wiesbaden (Eigen-
verlag) 1993

Egami, S.: The Way of Karate –
Beyond Technique.
London 1976

Funakoshi, G.: Karate-do Kyo-
han. Tokio 1978

Funakoshi, G.: Karate-do: Mein
Weg. Weidental 1983

Habersetzer, R.: Karate für
Meister: Mit Körper und Geist.
Berlin 1994

Lind, W.: Karate. Die klassische
Kata. Geistige Herkunft und
Praxis des traditionellen
Karate. Bern – München –
Wien 1995

Lind, W.: Ostasiatische Kampfkünste. Das Lexikon.
Berlin 1996

Nakayama, M.: Dynamic
Karate. Tokio 1975

Nakayama, M.: Nakayamas
Karate perfekt. Grund-
techniken. Niedernhausen
1995

Okazaki, T./Stricevic M. V.:
Modernes Karate.
Niedernhausen 1994

Pflüger, A.: Karate. Grundlagen
für Training und Wettkampf.
Niedernhausen 1995

Reichardt, H.: Das ist Schon-
gymnastik. München – Wien –
Zürich 1993

Stephan, H.: Körpergerechtes
Muskeltraining.
Niedernhausen 1995

Adressen

Deutschland
Deutscher Karate Verband e.V. (DKV)
Grabenstraße 37
45964 Gladbeck
Telefon: 02043–2988-0
Fax: 02043–2988-91

Karate-Verband Baden-Württemberg
Mühlenstraße 17
79194 Gundelfingen
Telefon: 0761–582464

Bayerischer Karate Bund e.V.
Georg-Brauchle-Ring 93
80992 München
Telefon: 089–15702331
Fax: 089–15702335

Berliner Karate-Verband e.V.
Priesterweg 4
10829 Berlin
Telefon: 030–7814027
Telefon/Fax: 030–7881402

Karate Dachverband Land Brandenburg e.V.
August-Bebel-Straße 88
14482 Potsdam
Telefon/Fax: 0331–7481007

Bremer Karate-Verband e.V.
Burger Heerstraße 46
28719 Bremen
Telefon: 0421–665755
Fax: 0421–665715

Hamburger Karate-Verband e.V.
Lämmersieth 19
22305 Hamburg
Telefon/Fax: 040–291741

Hessischer Fachverband für Karate e.V. (HFK)
Black- und Decker-Straße 13
65510 Idstein
Telefon: 06126–51111
Fax: 06126–92305

Karate-Union Mecklenburg-Vorpommern
Kirschanweg 21
18069 Rostock
Telefon/Fax: 0381–8010412

Karate Verband Niedersachsen
Lindenkamp 9
31199 Barienrode
Telefon: 05121–262743

Karate-Dachverband Nordrhein-Westfalen e.V.
Postfach 100750
47007 Duisburg
Telefon: 0203–997210
Fax: 0203–997209

Rheinland-Pfälzischer Karate-Verband e.V.
Avallonstraße 49
56812 Cochem-Cond
Telefon: 02671–5604

Saarländischer Karate-Verband e.V.
Am Butterhügel 6
66450 Bexbach
Telefon: 06826–1493
Fax: 06826–2655

Sächsischer Karatebund e.V.
Mühlgraben 4
09669 Frankenberg
Telefon/Fax: 037206–75189

Karate-Verband Sachsen-Anhalt e.V.
Gartenstraße 8
39624 Kalbe/Milde
Telefon: 039080–2101
Fax: 039080–2190

Karate-Verband Schleswig-Holstein e.V.
Nassauer Straße 20
24340 Eckernförde
Telefon: 04351–82162

Thüringer Karateverband
Julius-König-Straße 8
99085 Erfurt
Telefon/Fax: 0361–5624192

Österreich
Österreichischer Karatebund
Schweizergasse 2/14/12
A-1210 Wien
Telefon: 01–377766–13
Fax: 01–2785694

Schweiz
Schweizerischer Karate-Verband
c/o ofa
Sägereistraße 25
CH-8152 Glattbrugg
Telefon: 01–8093111
Fax: 01–8106002

Register

Der FALKEN Verlag bietet zu den asiatischen Kampfsportarten eine reichhaltige Bibliothek an.
Bitte fragen Sie in Ihrer Buchhandlung.

Sie finden uns im Internet: **www.falken.de**

Dieses Buch wurde auf chlorfrei gebleichtem und säurefreiem Papier gedruckt.

ISBN 3 8068 1863 0

Umschlaggestaltung: Elisabeth Berthauer
Layout: Ute Weber GrafikDesign, München
Titelbild: Studio Team Gesellschaft für Werbefotografie mbH/U. Arens, Langen
Fotos: DKV-Archiv/U. Lier: S. 100/F. Probst: S. 36; Hermann Großmann, Freiburg: S. 44, S. 51, S. 90; Bogdan Pejcic, Köln: S. 24; Studio Team Gesellschaft für Werbefotografie mbH/U. Arens, Langen: alle übrigen Fotos
Zeichnungen: Dietmar Griese Grafik-Design, Hannover
Graphische Gestaltung und Herstellung: Ute Weber GrafikDesign, München
Redaktion: Jürgen Knöppler
Nachauflagenredaktion: Carina Janßen

Die Ratschläge in diesem Buch sind von den Autoren und vom Verlag sorgfältig erwogen und geprüft, dennoch kann eine Garantie nicht übernommen werden. Eine Haftung der Autoren bzw. des Verlags und seiner Beauftragten für Personen-, Sach- und Vermögensschäden ist ausgeschlossen.

Satz: Ute Weber GrafikDesign, München
Druck: Ludwig Auer GmbH, Donauwörth

817 2635 4453

DEUTSCHER KARATE VERBAND

DEUTSCHER
KARATE VERBAND E. V.

Körperbeherrschung

Von A. Pflüger, 176 Seiten,
über 350 s/w-Fotos und
-zeichnungen, kartoniert
ISBN: 3-8068-2143-7
DM 19,90

Von K. Gil, 224 Seiten,
über 400 s/w-Fotos, kartoniert
ISBN: 3-8068-0347-1
DM 19,90

Von A. Pflüger, 96 Seiten,
300 s/w-Zeichnungen,
über 1600 Einzelschritte, kartoniert
ISBN: 3-8068-2125-9
DM 19,90

Von Bruce Lee, 192 Seiten,
über 250 s/w-Fotos und -Zeichnungen,
kartoniert
ISBN: 3-8068-2141-0
DM 29,90